中经管理文库
管理学精品系列

U1015358

湿地型组织

超越的逻辑与路径

史天一◎著

WETLAND TYPE ORGANIZATION

THE TRANSCENDENT LOGIC AND ROUTE

中国经济出版社
CHINA ECONOMIC PUBLISHING HOUSE
·北 京·

图书在版编目（CIP）数据

湿地型组织：超越的逻辑与路径 / 史天一著. --
北京：中国经济出版社，2024.1
ISBN 978 - 7 - 5136 - 7642 - 7

Ⅰ. ①湿… Ⅱ. ①史… Ⅲ. ①企业管理 - 组织管理 -
研究 Ⅳ. ① F272.9

中国国家版本馆 CIP 数据核字（2024）第 009818 号

策划编辑　崔姜薇
责任编辑　黄傲寒
责任印制　马小宾
封面设计　任燕飞装帧设计工作室

出版发行　中国经济出版社
印 刷 者　北京富泰印刷有限责任公司
经 销 者　各地新华书店
开　　本　710mm × 1000mm　1/16
印　　张　15.5
字　　数　192 千字
版　　次　2024 年 1 月第 1 版
印　　次　2024 年 1 月第 1 次
定　　价　78.00 元
广告经营许可证　京西工商广字第 8179 号

中国经济出版社　**网址** www.economyph.com　**社址** 北京市东城区安定门外大街 58 号　**邮编** 100011
本版图书如存在印装质量问题，请与本社销售中心联系调换（联系电话：010–57512564）

版权所有　盗版必究（举报电话：010–57512600）
国家版权局反盗版举报中心（举报电话：12390）　服务热线：010–57512564

前言

古今中外最具活力的组织，其众多优秀的做法，有怎样的共同规律？

大型组织（包括大型企业）资源丰富，人才济济。但是，在许多大型组织中，员工加班加点是常态，人人被紧张焦虑、忙碌急躁的氛围所裹挟，其组织活力却不高，资产收益率长期低迷，如何破局？

有些领导者善于率先发现机会，整合资源的能力很强，做事的高招不断，但是随着时间的流逝，其创建的组织却被无数竞争对手超越，这是为什么？

组织创办早期，成事的能力很强。但随着组织层级增多，管理难度增大，出现了沟通不畅、官僚主义盛行、内部竞争激烈、创新能力不足、能人留不住、庸人赶不走等问题，如何解决？

确定是组织的问题后，组织采取了文化建设、架构调整、股权激励、流程再造、行为标准设计、全员培训、绩效管理等措施，可是组织效率反而更加低下，该怎么办？

组织成员主观意愿不足，问题的本质是什么，该如何解决？

面向未来，组织发展的光明前景在哪里？

许多现代企业及其他组织，因为迷信自我权力的价值，选择了错误的发展理念和发展模式，深陷组织行为误区而不自知。应顺应人性，以经营型人才集群化为导向，构建湿地型生产关系，用帮助经营型人才成功的理念，塑造湿地型组织平台吸引力，致力于形成湿地生态型生产力，用组织模式创新和文化回归，从根本上避免和扭转“大组织病”。

湿地型组织，为高速、稳健、可持续发展提供了卓越的组织保障和范式。

推荐序
以组织创新释放无限生产力

史万奎，和君咨询集团合伙人，绿色方舟国际联盟总规划师，
中医药亚健康与慢病康复联盟秘书长

就如健康的人体时常感受不到自己器官的存在和运行一般，一个有道的活力组织，甚至感受不到管理的存在。对于多数组织而言，管理不是目的，持续实现目标才是。当一个组织因管理而头疼的时候，便意味着该实施组织保健或变革了。如何让组织在稳定、健康、可持续的主线下实现或保持高效率、高成长？《湿地型组织：超越的逻辑与路径》这本书从人性哲学的高度，从组织生产关系和生产力的视角，将认识论、方法论和实践论一体化，似乎给出了终极化解决组织问题的正确方向和系统导航。

用最低的成本，获取更多、更大、更安全、更持久的收益，可以说是人类的共同追求。于是，人类学会了"用工具，强交流，建组织"。

以因果论为视角，将"使用工具、优化交流方式、发展组织"作为投入性动因，目标是产出预期的成果。事实反复证明，动因和成果之间的投入产出关系，并不是等式关系，而是杠杆效应。有时，动因投入很大，产出的结果却令人失望，如一个组织希望通过不断增加人才达到目标，结果却是带来混乱。有时动因投入并不大，但赢得了超乎寻常的结果，如北京字节跳动科技有限公司（以下简称"字节跳动"）的抖音项目。

站在因果的视角来看，个人和组织实施投入后带来的成果、成功，用物理学杠杆理论进行解释更加直白。"动因、定位和成果"三者的关系，可

以理解为“作用力、支点和被撬动物体”之间的杠杆关系，就像足够的作用力与合适的支点配合，物体被撬动的必然性一样。这种必然性可以看作投入后产出成果的必然性，取决于投入的动因和支点的选择（定位）。

从组织的视角来看，支点可以看作发展赛道的细分领域定位。细分领域大趋势向上，组织站位精准，更有机会以较小的作用力实现巨大回报。就如10年前，字节跳动创业早期选择了处于行业发展期的短视频领域，证明了“选择大于努力”。

选择正确，真的就能够成功吗？未必。字节跳动10年前选择短视频业务时，该领域的竞争已经非常激烈了。如今回头看，同领域内相似的创业者们，起初比张一鸣更早选择了短视频业务，雄心勃勃，但如今他们的企业绝大多数已经倒闭。“选择大于努力”这句话，是在强调选择的重要性，相对于将事做成，让投入合乎乃至超越预期，有比选择更重要的动因。

字节跳动的抖音项目在万马奔腾中一骑绝尘，成为企业爆发式发展的新标杆，到底是吸收了怎样的能量，缔结了何等机缘，实现了如此宏大的作用力？

《湿地型组织：超越的逻辑与路径》这本书给出的观点是：抖音项目实施了前人反复试验但尚未被理论总结的组织模式，因此吸引了四面八方的各种力量，以平台的强大吸引力实现了无限整合，内、外部一起发力，形成了强大的、不可争锋的合力。在所有定位于短视频领域的企业中，抖音项目率先采用了组织创新，并给足了作用力，打造了卓越的组织吸引力。

因为组织模式创新，抖音项目的动因赢得了发展过程中“神助”一般的合力，实现了“定位选择精准，过程动因给力，成果极其丰硕”的杠杆效应，跨上了“夫唯不争，故天下莫能与之争”的“无为”高阶发展境界。

阿基米德说过：“给我一个支点，我就能撬起整个地球。”这句话中，目标是“撬起整个地球”，需求是“给我一个支点”；还有一个隐性的动因，那就是“我就能”所表现出来的阿基米德的个人愿望以及他能够施加的力气。

我想起了早年所在的企业车队中的一位毛头小伙子和同事打赌的事儿。小伙子夸口说，他可以一口气吃掉一整支芥末膏。对于我来说，吃上豆粒大小的芥末膏都会鼻涕眼泪齐流、喷嚏连连。那位小伙此言一出，就有人用百元筹码让他吃一支，以证明他所说并非吹牛。当时，我的月工资是200多元。这百元“将局”，算是不小的“赌头儿”了。结果，这个赌局小伙子真的赢了。自古以来，善于运用组织力的运营高手所追求的，就是组织成员在执行中的这个“劲儿”。他愿意，他认为他必须那样做！他自己拥有强烈的愿望，即使牺牲生命也在所不辞！于是，可以去理解阿里巴巴创建早期，公司的“十八罗汉”，在公司最困难的时期，即便不拿工资也坚定信念，甚至有人愿意将自己的房产拿出来做抵押帮助公司贷款。组织成员如果拥有这种“劲儿”，那组织执行力、杠杆作用力便不是问题。《湿地型组织：超越的逻辑与路径》这本书，描述和论证的是一种组织模式，给出的是组织成员这种“劲儿”的一种来源。

“给我一个支点，我就能撬起整个地球。”阿基米德这种“打赌”般的表述，帮助我在中学时理解了杠杆的价值。如今重新解读，更理解了要想取得成果，付出的努力和找准支点一样重要。无论选择多好的支点，如果没有足够的作用力，也无法取得理想的效果，于是我懂得了做组织要调动更多的力量，全力以赴。但如果支点没有选择好，哪怕我全力以赴了，最终结果也难尽如人意，于是，要经常审视选择和定位问题。

《湿地型组织：超越的逻辑与路径》这本书，优先关注的是组织成员“我必须做”的那股“劲儿”，书中选择的词语是“主观能动性”。主观能动性相当于阿基米德“杠杆论”中的主观意愿——“我就能”，是吃芥末赌局中毛头小伙子拼了性命的“我愿意”，是组织成员主观上愿意为此付出的那股“劲儿”，而不是在权力驱动下被动地、违心地去干什么。

选择“位点”的是人，是组织成员。组织可以制定整体战略，却难以在某位成员过河的时候帮助他选定该踩的石头，尤其是在组织成员越来越多的情况下。在微观位点上，组织管控捉襟见肘。但是，那位正在过河的组织成员“能”。选择正确的石头过河不要弄湿鞋子作为一条工作标准，本来是可以做到的，倘若那位组织成员心怀怨怼，就可能故意做出错误的选择，任由鞋子被弄湿；或者干脆坐在岸上观风景，然后向组织报告说，他不具有平稳过河的能力。当组织成员主观上想干这件事儿，愿意为此事全力以赴，甚至势在必得时，他便会保持初恋般的激情，自觉进行微观创新，找准定位，释放无限动力。组织成员诚心诚意，才会尽心尽力，然后，便会表现为组织在各位点上的正确选择和定位创新。

组织是困难连续不断的个体，个体是问题持续新生的组织。在数十年的企业操盘和咨询实践中，几乎对于所有结果不如意的组织，我都将主要问题归因到执行力上，而非定位或支点的选择。阿基米德的“杠杆论”也可以应用到组织执行力问题上。抖音项目能够在高手云集的市场中拔地而起、一骑绝尘，在于其用自我塑造，打造了对外部资源的卓越吸引力，让无数微观组织成员全部做到了“我就能”，无数微观力点一起发力，实现了全面共振效应，形成了杠杆动因的生态化合力。

《湿地型组织：超越的逻辑与路径》将抖音平台所塑造的力量，表述为大自然的湿地效应。湿地不言，而万物兴。丹顶鹤、白天鹅、野狐、地鼠、鱼虾自觉云集，主动到湿地平台上创建家业；每个物种个体和族群，都为了自己的利益全力以赴，谋求各自预期。但是，因为那里是属于湿地的战略赛道，其构成的是湿地的集群化力量，表现的是伟大生态效应的集成。湿地以其自身特有的属性，通过为前来创业的各物种提供关键成功要素来打造吸引力，用各物种的成功，汇集成湿地非同凡响的成功，达到老子《道德经》所表述的“无为而无不为”“夫唯不争，故天下莫能与之争”的伟大境界。

《湿地型组织：超越的逻辑与路径》这本书的着眼点不在于杠杆的“支点”（定位）问题，而在于组织成员主观能动性下的动因合力问题。有了组织成员的主观能动性，微观定位则充满灵性，水到渠成。和一般组织理论以竞争为着眼点不同，湿地型组织理论重视的是“团结一切可以团结的力量”，共创共享，是筑基生态，打造事业共同体、命运共同体，其所秉持的原则是“利他自利、成人达己”。

湿地型组织理论承认人是有不同属性的，是有差异的。作为组织，要为“经营型”“领袖型”的人才提供好的赛道和机会，使其在特有的战略赛道或文化框架下，发挥其领导力，培育强大的微观执行力，让其所创建的微型组织成为大平台对外整合的“抓手”。例如，抖音平台上的播主、电商、创业者们，是抖音项目让他们自觉成为抖音平台对外整合资源流量的“抓手”集群，汇集成强大的发展力。因此，《湿地型组织：超越的逻辑与路径》这本书，从文化、运营、执行力等视角，向读者强调了组织各环节的自我定义和定位问题，指明了“权力”使用的特定位点、程度和边界。

看清权力的属性，放下官僚思想，诚心诚意地帮助他人成功，明确主导者事业下的、“自己的”组织定位和分工，将自己该做好的事做到极致，活用权力，向渴望权力的人赋权，支持众多具备条件的微型组织灵活运营，实现微观组织的卓越执行力，等等。类似的观点和具体做法，是通过巧妙的生产关系设计，为现代组织提供释放生产力的新路径。

“太平洋足够宽广，容得下中美两国，也容得下亚太各国。亚太地区是各国共生共存的家园，不是你输我赢的战场。”组织之所以热衷于对外竞争，是因为对组织内生性发展缺乏信心。湿地型组织理论，为组织以内生性发展为先导，最终实现无限扩张、无限竞争优势的目标提供了新的发展逻辑和路径，不仅是为企业和社会组织，更是为人类的未来找回了本该具有的自然之道——天道。

《湿地型组织：超越的逻辑与路径》的作者史天一是我儿子，自幼喜欢大自然，对地理、历史和哲学特别有兴趣。他在博士学位论文撰写过程中，向我讲起了他关于组织管理与湿地之间关系的联想，提出了“湿地型组织”的概念。

“湿地型组织的提法有意义，这对企业和人类社会都有意义，你可以尝试着写一本书啊！”

在我的鼓励下，2020 年早秋时节，他开始了关于湿地型组织理论的研究。在指导他做研究的过程中，我也开始尝试用湿地型组织原理去指导所服务的组织，如地方政府、企业和公益组织，越发感受到湿地型组织概念所蕴藏的强大动力，近期，更是用湿地型组织思想，修订了绿色方舟国际联盟发起的“绿色生态可持续发展世界首脑俱乐部”策划案。

湿地所蕴藏的“天道”给组织的启示，不仅适合一般企业，也适合国际组织，在我看来，弥足珍贵、价值巨大。对于《湿地型组织：超越的逻辑与路径》结语章节的主题，我给史天一的建议是“湿地型组织——人类组织模式的希望”，原因在于，这本书所提出的组织理论和实践方法，不仅可以帮助企业乃至各种组织“花最小的力气，用最少的成本，获取更多、更大、更安全、更持久的收益”，更有助于实现组织发展与环境的高度和谐，能保障组织与社会发展的健康和可持续性，有助于“构建人类命运共同体”，好用！

作者序
什么是卓越组织

关于如何打造卓越组织的讨论有很多，而关于卓越组织的定义则相对较少。不同的组织在发展底蕴上是有境界之分的，最高的组织境界是怎样的？什么样的组织能够称得上卓越组织？或者说，如何定义卓越组织？

“什么样的组织才称得上卓越组织”这样的命题，就像导航的灯塔，应该优先于“如何打造卓越组织”。1000 个人心中会有 1000 种“卓越组织”的定义。对于组织领袖来说，他心中不同的定义就相当于不同的导航灯塔，决定了他对组织发展方向和路径的选择。在读者深入阅读本书之前，我有必要先明确表述我心中“卓越组织”的定义，以便让读者更容易理解这本书到底在写什么。

什么样的组织是我心中的“卓越组织”

1. 仅善于达成目标的组织不能定义为卓越组织

组织依靠目标而存在，就像动物依靠食物而存活。和动物不同，以人为主体的组织，还需要有人味。我见过的少数企业老板，他们特别善于达成目标，为实现目标不择手段。那样的老板很容易让我联想起动物世界里的野兽，它们对目标极度渴望，愿意为目标拼命奔跑，从不吝惜膝盖、脸面、信用、健康和人格，甚至愿意为了目标牺牲一切。一旦他们实现了目标，或者面对与其目标无关的人或事，就会表现出另外一副嘴脸。就像追求目标时他们有坚决的意志，他们也会因为目标已经实现而果决地抛弃一切，血泪、情义、同理心、应尽的义务、该遵守的承诺，甚至合同和亲情都可以肆意违背。他们崇尚弱肉强食观、竞争观。他们就是尚未发育成“人”的野兽，在他们的眼里，只有肉。这样的组织虽善于达成目标，但其行为令人恶心，总是给世界带来重大负担和灾难。这样的组织不管做到多大的规模，有多么强大，都与“卓越”二字不搭边。

2. 奉献价值且可持续成长的组织值得尊敬，但算不上卓越

我爷爷家老宅大门旁边，有一棵杏树。那是一棵树龄接近百年的老杏树，在我看来它能结出世界上最好吃的果子，是我儿时以来最长久的念想之一。

那棵老杏树树龄是否真的接近百年，我不确定。但能确定的是，爷爷、爸爸和我都有小时候吃这棵老树甜杏的美好记忆。我称它为“老杏树”，不是因为它看上去老，而是因为长寿。那棵树算不上伟岸，比附近的大叶杨低矮了很多；那棵树算不上粗壮，村子里老井旁生长 20 多年的大榆树比它粗，树冠比它大。但是，这棵老杏树的枝干总是坚定地向上伸展，每年春天，满树粉白色的花朵吸引了无数的蜜蜂采蜜；早夏时节，一树黄杏吸引全村的人坐在大树下的石台上吃杏聊天，低矮的树干几乎让每个孩子都可以攀爬摘杏；盛夏时节，树上的杏虽然没有了，但肥厚的杏叶层层叠叠，遮挡阳光，让树下成为老人乘凉聚会的场所；冬天里寒风凛冽，老杏树便静静地在那里等待春天。一如既往地轮回，老杏树活力依旧，持续生长，成为老宅不可或缺的风景。

如果一个组织如那棵老杏树，持续奉献价值，持续充满活力，持续成长，是否算卓越组织？毫无疑问，这是一个令人尊敬的组织，尊敬其与世无争，做好自己，保持活力，任外面世界风风雨雨，它依然静静地生长在那里，为他人做出贡献。但是，这样的组织偏安一隅，所惠及的人群有限，在我看来，不能算卓越组织。

3. 短期快速做大、惠及广泛的组织也未可称卓越

本书中的特别案例——字节跳动的抖音项目，用短短 8 年，便从一个创业项目，发展为市值数万亿元人民币的规模。抖音项目，为社会组织提供了值得效法的新型组织模式，为社会带来了文化新体验，为海量创业者提供了便利的创业平台，并从中国走向国际，成为中国商业国际化的亮丽风景。

这样的组织算不算卓越组织？目前来看，其激活了内、外部组织成员动能，达成了卓越组织应有的绩效和速度，塑造了组织影响力，具备了卓越组织的轮廓。但是否可以称得上卓越组织，尚需要时间检验。

4. 到底什么样的组织才称得上卓越组织

本书提出的“湿地型组织”概念，是为卓越组织导航的。湿地本身打造了一个对各物种极具吸引力的平台，为满足丹顶鹤、白天鹅、地鼠、鱼虾、胡狼等各物种追求成功的需求，提供它们所需要的关键成功要素，各物种在追求成功的过程中，构成了活力四射的生态系统。

湿地的优良属性不仅在于主导形成了“利他自利、成人达己”的湿地文化，而且在于诚心诚意地帮助追随湿地的各物种成功，为它们提供追求成功的关键要素。湿地与各物种一起，为宇宙星系中这个孤独的地球家园提供了繁衍生发的原动力。

湿地因为其优良属性，不仅代表了持久的活力、持久的价值创造、持久的成长，更代表了持久地优化这个世界的积极力量。湿地，让地球富有生机。

说起华夏文明，人们自然想到长江、黄河等古老的河流。古人沿河而居，更加看重的不是河流，而是湿地。湿地孕育并铸就了文学、数学、医学、哲学、建筑学甚至美学方面的辉煌。可以说，湿地才是华夏文明的生命之源。长江、黄河、大凌河等湿地孕育了华夏文明，爱琴海孕育了古希

腊文明，台伯河滋养了古罗马文明，红海哺育了阿拉伯文明，墨西哥湾诞生了玛雅文明，等等，几乎所有古文明的起源都与河流两岸湿地、滨海湿地密切相关。湿地被誉为“地球之肾”“生命的母亲”。湿地水陆交错，孕育了丰富的生物，能够调节气候、净化水质、保护生物多样性。以水域为主的湿地生态系统，其生物群落兼有水生和陆生多种类，物质循环、能量流动和物种迁移极其活跃，具有旺盛的生物生产力。

本书着重解码了世界上各种组织的杰出“片段”，它们如今日的抖音，首先做好平台服务，形成如湿地对各物种般的吸引力；其次竭力为主播（播主）、创业者、电商的发展提供关键成功要素，从而整合天下力量，共建如湿地生态的大生态，达到“不争无尤”“无为而无不为”的组织境界。

“夫唯不争，故天下莫能与之争”是这种组织境界的价值导航理念。这样的组织具备 3 个特点：它们于无声处整合天下力量为自身所用，调动了内、外部组织成员的主观能动性，始终充满活力；它们发心是自利的，但其选择的路径始终是通过为他人创造价值、帮助他人成功而实现自己的目的；它们不仅追求组织的可持续发展，更加重视以组织行为优化这个世界，让这个世界变得更美好。

它们始终通过帮助别人而实现自己的目标，“利他自利”的文化成为这种组织不竭的动力，推动其在卓越的赛道展现出让人尊敬的姿态，产生让人自觉追随的磁力。这才是卓越组织。

卓越组织与平庸组织最大的不同之处在于，卓越组织对“组织关系”和“组织生产力”这两个词有洞见人性的解读，找到了组织原动力的大道。

老子曰：有物混成，先天地生。寂兮寥兮，独立而不改，周行而不殆，可以为天下母。本书以“湿地型组织”为根基，通过解读湿地属性和大量组织案例，为组织找回天然、顺应人性的成功大道，以帮助组织实现“道生一，一生二，二生三，三生万物”的永生状态。

导 言

一

新时代的显著特征是信息透明，个性张扬，抗拒权力束缚。在追求组织目标最大化的道路上，如何让组织成员尽可能少地意识到权力的约束，更多地去体验主观能动性带来的快乐，是新时代考验组织效率的重大命题。

——史天一

二

随着技术革新推动社会行为发生变化，管理学理论与时俱进是不够的，需要超越时代前浪，提供新动能，引领新潮流。管理学理论创新如果不能跟上社会行为变化的速度，则表现为众多组织效率低下，管理惯例失能，企业普遍执行力不足，领导者因为下属跟不上脚步而焦虑。

2020 年以来，效率低下所带来的管理焦虑日渐成为普遍现象，组织呼唤管理学界的新作为。从企业到社团，组织需要新理论、新方法去引领实现新突破。

三

历史上，被社会所接纳的管理学理论，应该不是管理学家的凭空想象，而是最佳实践的总结和推广。价值研究者产生于实践，和闷头实干者不同，他们在实践中更善于从内、外部扫描、观察和总结。在将最佳经验应用于实践的过程中，将战术和方法上升为方法论和认识论。管理学者或咨询师一旦发现某个组织在某个阶段有不同寻常的表现，就会下意识地去观察现象以及现象背后的逻辑和本质，习惯性地收集若干数据到他的大脑，分析和总结组织独特做法的价值。随着数据和案例的积累，逐渐地，管理学者或咨询师会从中感知某种规律性的线索，于是进行总结、提炼，直到研究出一种理论，并尝试应用到更多实践场景，建立方法论，发表文献，被广泛地效仿和引起共鸣，推动组织发展和社会进步。

“从实践中来，到实践中去”是管理学创新的基本原理和目的。

四

本书提出的湿地型组织理论，便是基于作者长期以来对卓越组织的观察和实践，如中国字节跳动的抖音项目、和君咨询集团（以下简称“和君咨询”）、某中药颗粒剂营销项目等优秀组织的模式和做法；同时，以其相关规律的总结为原点，去回顾历史、放眼中外，从皇权王朝到区域政府、从企业到社团，去研究其最辉煌时期的组织特征，从中发现了学术界尚未有人提及，但已经被前人反复实践证明有效的组织模式和原理。

那些组织曾经的辉煌时期，有的参透了本书所阐述的湿地型组织本质；有的是懵懵懂懂误打误撞地创建了湿地型组织，并在某个阶段取得了巨大成功。但由于未被明确关注，而缺乏清晰的解读，导致那些组织中的优秀做法在盲目的创新中被组织领导者们淡忘到了脑后。

这些组织领导者因为组织创新而赢得了一时的辉煌，却因为缺乏提炼、总结和复制，让优秀的组织原理和做法遗失在时光的隧道里，组织稀里糊涂地丢掉了既往优秀做法，丢掉了卓越组织模式那种曾经推动成功的利器，又滑回低维模式的老路，共识难、执行难、竞争红海等各种问题重现，甚是可惜。

五

除非饿了找不到食物，中学生放暑假的快乐往往不是父母附带权力约束的陪伴，而是家里只有自己一个人（“山中无老虎，猴子称霸王”）时的自由自在。

作为受内心意愿驱使的高智商动物，人在本能上是向往主权的。“自我”是潜意识的第一选择，所谓合群，多数是因为利益的需要而向“自我”做出的妥协。一种权力的驱使，必然是另一种权力的妥协。因为妥协而实现的所谓主观能动性，多数掺杂了虚假做作，远离自然的天性。如何调动组织成员纯粹的主观能动性，老子的《道德经》给我们留下了宝贵的指引。

六

老子《道德经》的“无为”思想和“利他自利”的原则，指明了组织如何赢得成员主观能动性的问题，也可以用来指引如何实现客户在选择和购买问题上的主观能动性问题。可惜，大多数组织在创建和运营过程中，有意或无意地违背了“利他自利”的原则，用所谓绩效管理、加强监控、末位淘汰等手段去优化组织，结果事与愿违。

组织建设是有“天道”的，违背天道的组织可能因为一时选对了市场或抓住了机会而赢得短暂的辉煌，但是，时间终究会让组织认识到，它在享受成功的过程中，不经意间给自己织成了厚厚的硬茧，将自我与广泛的积极力量隔离开来。直到有一天，组织意识到发展遇到了瓶颈，人员快速流失、顾客数量大幅减少，这些可能意味着组织已经走向了难以挽回的衰落。

七

少数企业在较长的历史周期中依然表现出基业长青的属性，是因为它们善于打破茧壳而赢得新生。无论是凭借营销创新、技术创新、运营模式创新、管理创新、战略创新还是文化创新，几乎所有的、能在性命攸关的重大节点赢得新生的，其根本力量必源于某些人的思维创新，首先表现在组织模式创新上，其次经由组织转变为破茧动力。是组织创新带动了旧组织冲破老茧、实现化蝶的惊艳。其背后的逻辑，是激发内、外部各种力量的主观能动性。

八

《道德经》曰："无为而无不为。取天下常以无事，及其有事，不足以取天下。"意思是说，按照无为的原则去运作没有什么目标不能实现。赢得天下的基本原则是以无为为原则，如果按照有为的原则，强行去动用资源和力量，则不足以赢得天下。

这里的"无为"，指的是顺应人的欲望，尊重事物的本来规律，始终秉承经由帮助他人达成目标，从而实现自我目标的基本理念。"无为"是以他人为中心，"有为"是以自我为中心。真正以他人为中心，则懂得放弃权力驱动的幻想，尊重人性，通过推动他人成功而达成自我目标，从而没有边界之念，无限整合，可持续发展。以自我为中心则看重权力、看重所有，将自己和他人割裂开来，从而画地为牢，随着发展为自己织成了厚厚的硬茧，作茧自缚。

九

新冠疫情、国际纷争等，让众多组织的硬茧因为业绩衰落从隐性转变为显性。一方面，有些经受困局的组织，会通过强化竞争，不计后果，甚至采取极端的方式，以寻求组织的突围之道。另一方面，有些组织活用数字化、智能化、云区块链、元宇宙等现代工具，通过无茧型组织模式，以“无为”为原则，走到了组织成长有速度和发展的历史新高度。如字节跳动的抖音项目，就是以“无为”为原则，从设计之初，便打破传统定义的组织边界，以平台所提供的、他人创办事业所需要的关键成功要素为吸引力，吸引到播客、创业者、电商，刺猬滚山枣一般发展为湿地型生态组织，仅用了不到 8 年时间，便让企业市值超过万亿元人民币，为新时代企业可持续发展提供了组织创新的新标杆。

十

本书既观察到传统组织以权力为主线，以人为工具和零部件，于发展中作茧自缚，也观察到一种更具人性的组织模式极富活力。它们重视以权力为中心驱动的平台效率，而对于更加需要主观能动性、难以控制的环节，通过帮助经营型人才实现他们的目标，去赢得广泛的合作。在平台与创业者之间，平台组织不是以权力为驱动，而是淡化权力，以共同利益、共同战略和价值观为主线。平台组织不是用资本和资源购买执行力，而是为有相关目标的事业主体提供必要的要素和便利，通过帮助相关事业主体达成目标，以集群效应实现平台组织的战略绩效。它们不是将人当作自己战车上的工具和零部件，而是从茫茫人海中，吸引和“淘洗”有能力、有资源的价值经理人、价值经营者、价值运营者（统称“价值经理”或“经营型人才”），通过帮助海量价值经理取得成功，实现集群化，并累积成平台自己的巨大成功。

本书将这样的组织称为“湿地型组织”。在湿地型组织中，有的是从开始设计便认识到硬茧的规律，努力规避组织硬茧的形成，让组织以愿景、使命、价值观、发展逻辑、路径、工具等，去为无限的、有成功欲望的外部力量提供便利，以帮助更多的组织或个体成功而实现平台组织的目标愿景；有的是无意识地应用了与湿地型组织相似的原理和手段，误打误撞赢得了短暂的辉煌。而那些与湿地型组织原理相背离的企业，则在发展的道路上，以资源和资本为荣耀，张扬权力或者窃取权力，于不知不觉中为自己的组织织成了一层厚厚的硬茧，将自己和他人隔离开来，组织效率日渐低下，甚至走向没落，作茧自缚而不知。

十一

组织问题的根本在于人的思想和认知。解决组织困局的最佳切入点，是基于思想认知变革的组织结构优化。随着管理学的发展，研究者认识到管理以人为本，组织变革是管理学的高阶命题。

明晰组织和内、外部力量之间的生产关系，打破组织边界，解放生产力，是对当前乃至未来各种组织均有意义的恒久命题。本书提出的湿地型组织理论，宗旨在于指引一切新建组织和传统组织深度理解湿地型组织原理，运用可实施的方法破茧成蝶，无限孵化和蘖生。

目　录

第一章

探寻组织生命力的终极秘密

一、组织如此重要而脆弱

我小的时候，父亲在一家制药大厂工作，我家就在那家大厂的隔壁。制药大厂院里有一株老榆树，侧干长长地伸进我家的小院。每年春天，母亲便会撸“榆钱儿”，做成黄白相间、清香甘美的饼子。父亲所在的工厂规模很大，据说当时属于国内制药企业“五十强”。围着工厂厂区转上一圈要小半天时间，厂区外还有配套的包装厂、幼儿园、小学、医院、电影院、体育馆等。记忆中，工厂外的马路上出租车川流不息，烤羊肉串的、卖雪糕的、卖各种时令水果的应有尽有。好多摊贩排在路边，每到中午或晚上下班时间，一派熙熙攘攘的热闹景象。那时候，药厂效益好，员工和家属都有钱，所以周边的各种小生意很兴盛。在这座城市，成为大厂员工，可是被人羡慕的事儿。从贴近本文的主题来说，大厂是一个相当不错的组织，组织成员因为良好的效益，生活惬意而幸福，人人脸上洋溢着自信的微笑。

我刚要上小学一年级的时候，父亲不顾家人的劝阻，从大厂辞职了，带着妈妈和我搬去了北京。一晃 20 多年过去了，前段时间我回到老家，可惜那个大厂已经倒闭了。街区没有了往日的繁华，马路上出租车也是少见，只有稀稀落落的几群老人，有的围坐在修鞋匠旁边，有的在下棋，那氛围和我记忆中的大厂完全不一样。工厂的大门似乎还是 20 年前的篱笆铁门，与昔日总是敞开不同，现在用一条生了锈的粗大铁链紧锁着。透过大铁门的缝隙，可看到不远处路边用铸铁做成的标语锈迹斑斑，但还是成功勾起了我儿时的回忆——“我为药厂效劳，药厂为我养老”。

据说，当时那句口号是老厂长去日本考察学来的，还经过了企业职工代表大会讨论，最终成为大厂的核心标语，曾经激发了一批批老员工孜孜不倦的奋斗精神。

宽阔的水泥马路已经破败不堪，不见往昔络绎不绝的车流人影；标语牌两边厂房的主体框架还在，但已然是随处可见的残垣断壁。坑坑洼洼的水泥旧路两侧杂草丛生，偶尔可见生了锈的旧设备露出黑漆漆的一角。那株与我家院子隔墙的老榆树还在，只是侧枝早已断掉。令人欣慰的是，喜鹊们在榆树上一如往昔叽叽喳喳欢快地玩耍。

这是父亲曾经就业的老厂。那个组织，曾经带给父亲最早的工作经验、有竞争力的薪酬和无尽的荣耀。乃至多年后，父亲见到老同事，还会高兴地说起他们有数千名同事，有数千个家庭因为药厂而幸福。如今，那些深信“我为药厂效劳，药厂为我养老”的员工，再无机会为药厂效劳，很多人不得不依赖国家救济或另谋生路。

这就是组织的宿命？有人说，企业创建就是用来倒闭的。从生命周期的视角来看，所有的组织似乎都难逃生老病死的定数。但是，就像千百年来人们一直研究长寿科学一样，管理学界一直在研究如何能让组织基业长青。

组织有两个比较重要的定义，第一个是由诸多要素按照一定方式相互关联的系统；第二个是人们为实现一定的目标，互相协作结合而成的集体或团体。相较于第二个定义，第一个定义似乎缺乏目的性。事实上，当我们深入一切与生物有关的组织，如蜂巢、蚁穴、村落，以及生物体本身，会发现所有组织都是有目的性的，是有目标的。

合群是人类的本性。合群，表达了人类最早的组织意义，那就是合力抗敌，抱团取暖，赢得更好的生存条件。组织是有目标的。组织目标基于个体目标，又超越个体目标。因为个体目标和集体目标的共同属性，人类合群成为组织，学会了团结、协作、尊重、公平，也衍生出权力、欲望、斗争和分裂。

父亲的旧厂因为共同的组织目标，员工信奉“我为药厂效劳，药厂为我养老”的生存逻辑，于是团结协作，使药厂成为曾经的制药企业“五十强”之一。但是，古老的组织病灶随着药厂的持续做大和管理的复杂而悄然发病，厂长以权谋私，员工偷懒，上下推诿，奉献精神持续滑坡，执行力不足，对外竞争力下降，市场被竞争者蚕食，企业亏损，人才流失，现金流断裂，各产业流程恶性循环，最终驶入自我崩塌的轨道。

探索让组织基业长青的理论和方法，成为管理学界孜孜以求的百年老题。本书试图阐述的是对组织基业长青天然秘密的总结，更是组织摆脱宿命的方法。个体必然会死亡，而组织相比个体更具长生的内部条件。观察组织的长生基因，有望找到上帝视角的长寿密码。如果组织领导者理解了本书所洞察的基业长青之道，将有可能掌握上帝视角的组织健康调理术，尽可能避免罹患内部因素导致的大企业病，保持组织的持久活力。

二、世界上最简单的生命组织

古人留给我们最高效的学习方法之一是向大自然学习。组织长寿问题已经成为管理界难题。要破解难题，可以尝试向大自然学习。于是，这里提出问题：世界上最简单的生命组织是什么，它们凭什么表现出强大的目的性，给组织长寿带来怎样的启示？

目前，能找到的答案是病毒和类病毒。病毒比类病毒大 80~100

倍，人类对其所知尚少。病毒是种群丰富的微生物，结构非常简单，只含一种核酸（DNA 或 RNA），必须在活细胞内寄生并以复制的方式增殖自己的族群。目前，已知的病毒超过 4000 种，每种病毒又可根据结构不同分为若干亚型。

对于人体来说，细胞是组织的基本单位，大多数病毒比细胞小得多。就如市场之于企业，细胞是病毒组织的发展环境。病毒一旦进入宿主细胞，便会发挥其强大的整合能力，借助宿主细胞的特定物质、属于它的特别要素，进行自我批量复制。病毒若离开宿主细胞，就成了没有任何生命活动，不能独立自我繁殖的化学物质。

病毒虽小，进攻策略却复杂，具有神奇的“遗传、变异、进化”能力，一旦遇到宿主细胞，就会通过“吸附、注射、复制、装配、释放子代病毒”，而显示典型的主权生命体特征。更为神奇的是，病毒还懂得保护自己，以避免药物对自身的杀灭。病毒的生命表明，如此简单的组织，也会表现出强大的权力属性，通过权力实现目标。

病毒通过信号表现权力，从而实现既定目标。人类这种具有高效执行力的简单组织，又是怎样实现目标的？

《史记》记载，春秋战国末期，秦二世元年秋，陈胜、吴广等 900 余名平民被朝廷征发，前往渔阳戍边，途中在大泽乡（今宿州）为大雨所阻，不能如期到达目的地。按照秦朝法律，这些人如果迟到，面临的处罚则是死刑。情急之下，陈胜、吴广领导这些平民，杀死了押解的军官，发动兵变，建立张楚政权，各地纷纷响应，展现了强大的组织力，对拥有强大正规军的秦王朝造成了沉重打击，成为大秦帝国的掘墓人。

从现代管理学视角来看，将陈胜、吴广看作创业者，其早期的商业目标是打败最强大的竞争对手。这就好像两个不知互联网为何物的农民，建立一个“推翻字节跳动”的商业目标。在这样看起来不着边际的目标下，豪言壮语之后，他们必然要考虑现金流、资源、能力、管理、运营、制订计划、招募人才等诸多运营问题，其结果往往是计划推演还没完成，面对逻辑上无法逾越的子目标，“造反”的大目标很快就会被放弃。但是，陈胜、吴广两个既不懂兵法，又没做过管理的农民，说干就干了，用最简单的组织模式、最粗糙的运营管理，竟然激活了天下“造反”力量，实现了组织力的广泛整合。

现代管理学关于组织的研究文献无数，但很少有人注意到，在一个不被学术界关注的角落里，竟然有类似病毒及陈胜、吴广的张楚政权等的组织，它们以不同于现代组织的行为方式，开启了极其简单且高效的组织发展模式。从组织学研究的视角来看，其内在动因的组织共性有三点值得关注。

第一，它们的组织形态极其简单，但信号整合力极强。对于病毒来说是生物信号；而对于陈胜、吴广这种组织来说，就是“王侯将相宁有种乎”“大楚兴，陈胜王”的文化感召力。

第二，每个组织个体都是为自己而战，全力以赴为了各自的生存权和延续权。病毒的目标就是复制自己，制造族群，赢得生命的存续权利；“迟到了是死，起义也是死，相比较迟到必死，起义还有一线生机”，陈胜、吴广同样是在生死关头，为了赢得生命的存续权利，急切之下做出起义的决定。

第三，它们都善于利用特定的组织环境，让环境与自身融为一体，形成不可争锋的合力。病毒组织失去宿主细胞，则如一个化学分子式般死寂，毫无作为；陈胜、吴广起义，倘若没有秦朝末年的暴政和民不聊生的社会环境，仅靠与陈胜、吴广同行的千百农民，则难以达成组织目标。

在创立早期，组织虽然简单，却可以爆发出巨大的组织力量，其秘密在于整合还是在于运营的精致？创建这种力量，具有婴儿般生命力，随着寿命的延长，个体和组织难道不能持久保持这种婴儿般的生命力？婴儿般的组织生命力如何定义？我们带着这些问题，去看看长寿组织有怎样的表现。

三、世界上最长寿的社会组织

组织高效是管理学的追求，但价值有限。毕竟如陈胜、吴广那种为了生存而“痛快一把即死”的组织不是人们想要的。人们想要的是成功永续、基业长青。

就像通过百岁老人的生命行为观察人的长寿秘诀一样，这里以世界历史中长寿的组织为例，继续寻找主导组织高效且基业长青的秘密。

据考证，目前，被世界公认的最长寿的企业是日本的株式会社金刚组。这家企业创办于公元 578 年，到 2023 年已经有 1445 年历史了。历经千年传承，如今依然神采奕奕，成为日本工匠精神的典型代表。

每当管理学界谈起这家企业的长寿基因时，必先提到“工匠精神”。事实上，历史上并不缺乏追求工匠精神的企业，仅仅靠工匠精神，显然不能支撑组织的长寿。

金刚组是一家专注于教堂建筑工程的企业。在日本的飞鸟时代，佛教开始在日本盛行，佛教庙宇的建筑需求大增。在强大需求背景下，名匠李重光受命于皇太子，负责皇家主导的寺庙建筑工程，借机创建了金刚组。

由金刚组负责施工的第一个工程项目是日本大阪的四天王寺，其工艺和创新大获成功，奠定了金刚组的行业品牌和市场地位，使金刚组得以世代享受皇室的俸禄保障。

在漫长的岁月中，金刚组以技艺传承为要，逐渐成长为国宝级的工匠组织，管理层地位显赫，生活富足；组织成员衣食无忧，可以投入全部精力专心钻研工艺。

到了明治时代（约 1868 年，金刚组 1290 岁），日本开始进行政治改革，全面实行君主立宪制，金刚组的皇家地位陡然下降。另外，当时日本兴起了“废佛毁寺”风潮，金刚组从此便得不到国家财政拨款，失去了“生存权”的保护伞，不得不去参与建筑业的市场竞争。

失去皇家的稳定供养，进入市场的金刚组，不仅往日的荣光不再，而且经营效益每况愈下。

危难之际，第二次世界大战爆发了，给金刚组带来了新业务。为拿到战争特别需要的订单，它们将业务范围拓展到制作军用木箱，求得一时的赢利机会。但第二次世界大战结束后，军用木箱的需求也随之结束。同时，赶上日本经济大衰退，建筑工程项目大幅减少。更为严峻的是，随着科技的发展，新时代建筑物开始流行采用钢筋混凝土结构，死守木制工艺的金刚组在市场上几乎没有用武之地。

组织不能与时偕行，终将被发展环境所边缘化。到 2005 年，金刚组资不抵债，面临倒闭。

就在这个时候，一位叫作高松孝育的人给了金刚组新的生机。高松孝育是株式会社高松建设的社长，从木制工艺在古建筑维修、仿古方面的特殊需求考虑，他主持收购了金刚组，以补充高松建设在传统木制工艺上的独特能力。高松建设的收购，让金刚组工艺得以传承，否则，这家历史上最长寿的企业，恐怕早已成为一个名号记忆了。

回看金刚组这家组织的长寿历史，绝大部分时间是作为一种工艺的代表，被日本皇家所供养，从不缺乏“生存权”。为了保持皇家供养“生存权”的延续，这家企业组织将精力全部用于木制结构技艺的提升和传承上。

后来，金刚组失去了皇家供养特权，很快便在市场竞争中没落。

2006年，金刚组被高松建设收购，其组织“生存权”才再次因为被供养而得以存续。在历史的长河中，金刚组这个企业组织的长寿本质，是其特有的专业定位赢得了他人所给予的、不计成本的供养，从而拥有了一种被特殊赋予的“生存权”。失去了特殊的供养，这家企业便陷入危机，显然，以技术为荣耀的金刚组之所以长寿，很大程度上得益于特定来源的“皇天赐福”，其本身并没有如病毒、张楚政权等表现出来的无限组织张力。其根本原因在于，这个组织未能通过系统的运营体系与发展环境建立紧密的相互依存关系。

四、是什么决定社会组织的持久生命力

从世界上最简单的组织，到最长寿的组织，我浅浅地感受到，组织生命力的密码就隐藏在组织与发展环境的关系里。屈原在《楚辞·九章·涉江》中唱道：“与天地兮同寿，与日月兮同光。”善于与发展环境高度融合的企业，更具组织生命力，更易于长寿。

组织生命力对外表现为竞争优势和存续周期，对内则用组织效率和可控性来描述。论及企业、社团等社会组织生命力的影响因素，人们会联想到公信力、战略目标、组织架构、运营管理、创新能力等，还会提到核心竞争力、关键成功要素。浏览世界上最简单的组织和最长寿的组织的关键特征，会发现，组织如何处理与发展环境的关系更加重要，而这个看起来非常简单的道理，竟然常常被组织管理者忽视。即便有的组织管理者重视发展环境，也多将着力点用在适应环境或满足外部需求上，至于如何“团结一切可以团结的力量”以及“军民团结如一人，试看天下谁能敌”这种组织观的高阶境界，却鲜有管理者能及。

社会组织由人这种高智生物个体构成。所有对社会组织生命力构成影响的因素，都离不开组织成员中人的行为。组织和发展环境

的关系，说到底，是组织成员对自身与环境关系的认知。无论对企业还是社团组织来说，真正影响组织生命力的是人。有什么样认知的人，就有什么样的组织行为。人和人的差异主要在于文化认知，组织和组织的差异同样在于组织对自身与发展环境之间关系的认知和行为。

人是组织的基本元素，众多的人聚合在一起构成组织，必然要凭借权力做主导。没有权力主导的乌合之众算不上组织。因此，探讨组织生命力的话题，最终落脚点必然在“人”和“权力”两大要素上。

对于“人”这个要素来说，如何看待权力，是优先于主观能动性的更基础的话题。人们喜欢权力，因为权力背后是资源、是自由、是竞争。如何看待权力，本质上是如何看待获得资源和自由的路径以及应对竞争的问题。

在组织中，围绕权力而形成的组织成员态度千差万别，有的希望借助权力获取更多利益，有的希望借由权力实现个体理想，有的希望对当权者取而代之，总之，只要是组织，围绕权力的“小九九”在组织成员心中从来就没消停过，无论是企业、社团还是小到一个三口之家。

权力的不同表现，代表了不同组织对发展环境关系的不同认知。权力有多种表现形式。春秋《管子》中的“明一者皇，察道者帝，通德者王，谋得兵胜者霸”，即表达了权力的 4 种表现形式。

“明一者皇”说的是能通晓事物本质，以高度同理心，将自己与万物融为一体，通过顺应万物而实施统御，与万物同心同德，是权力的最高境界，定义为“皇道”。

“察道者帝”说的是能洞见万物的运行规律，利用万物的规律达成自己的目标，定义为“帝道”。

“通德者王”境界下的权力表现形式更低一等，说的是为达成自己的目标，懂得与外界建立广泛共识，调动群众力量合作共赢，定义为“王道”。

而更加低级的权力境界是“霸道”。“谋得兵胜者霸”，主张用拳头去赢得目标，虽能得逞于一时，但树敌甚众，终将因为对发展环境的破坏而走向失败。

现代管理学将领导力分为指令型领导力、参与型领导力、变革型领导力，以及资源型领导力和服务型领导力。

指令型领导力强调权威和控制力，很像《管子》中的“霸道”，“顺我者昌，逆我者亡”。这样的组织除非有军队可实施威胁，否则，时间一长，组织成员的主观能动性不会强。

参与型领导力以结果为导向，注重与下属的合作和沟通。领导会对下属的工作深入参与，下属也有机会参与领导决策。这样的领导很像《管子》中“霸道”与“王道”的中间态，组织成员会在平和的心态下贡献力量；领导者如果参与艺术不精，会因为权力的参与而扼杀组织成员的创造力，不利于组织成员的能力发展。

变革型领导力注重与组织成员建立共同愿景。这些领导者善于以权力加激励的“双刃剑”，督导组织成员共同思考和解决现有问题，以推动组织的创新和发展，很像《管子》中的“王道”。

资源型领导力和服务型领导力有相似之处，对下属意愿有重大关切，重视为团队提供资源，为组织成员提供必要的支持和关键成功要素，以确保组织的成功。这样的领导接近《管子》中的“帝道”，很清楚业绩的因果关系，善于洞察组织成员的需求，为追求共赢而提供恰当的支持。

借鉴以《管子》为代表的组织治理思想，结合现代管理学界对领导力的分类，可以大致感受不同领导力类型所代表的组织与他人关系的认知差异，反映了组织认知、组织文化和所选择的不同组织模式对组织生命力的影响。

组织领导者对组织成员以及对外部发展环境之间关系的认知，最直接的表现是对权力的认识、技巧和边界。新冠病毒善于使用自我复制的强大指令，借助宿主细胞实现生存权的延续，但其不加节制的破坏行为，反噬并终止了自身的发展态势；陈胜、吴广在起义时，用天神文化为自己赋权，激发和吸引外部环境的各种力量，但缺乏保障各种力量持续协同的运营能力；金刚组通过技术定位和技术提升，赢得皇家供养的生存权，但遗憾的是与发展环境建立的是独木桥式的关系。

组织与发展环境的关系，包括组织与组织成员的关系。组织成员关心的是个体生存权和质量。一个组织能帮助个体或外部力量构建生存权、提升生命质量，便具有了吸引力；反之，则与内、外部力量形成了冲突关系。指令型领导力让组织成员失去自我，个体生存权的体验最差；参与型领导力让组织成员感受到存在感，但自我成长的机会有限，不仅扼杀创造力，而且缺乏能力提升的良好体验，让个体对“生存权”缺乏信心；变革型领导力能够给予组织成员以共识和激情，但依然在权力控制之下，自我生存权突破的不确定性大；资源型领导力和服务型领导力，讲究的是帮助组织成员成功，因此对组织成员的主观能动性激励意义更大。

对于大多数组织而言，既没有办法借助军队巩固权力，也不能实施宗教策略，更缺乏被供养的机会，该如何实现组织可持续发展？有没有更好的理念或模式，支持组织更加蓬勃和长寿呢？

答案是肯定的，其基本逻辑是组织对拟整合力量形成强大的平台型吸引力；其原理在《管子》提出的“明一者皇”中早已指明；其实践在历史中或多或少被众多组织所触及，赢得过巨大的组织价值；其理论和模式将在本书阐述的“湿地型组织”中得到系统呈现。

五、组织生命力的终极秘密

生命的意义在于帮助他人。人从诞生到成长，所有生命时刻，都具有帮助他人生命更精彩的天然使命。古人造字时便洞察了人是需要相互支撑的，因此选择了一撇一捺相互依存的结构定义“人”字。组织是由人构成的，组织生命力的终极秘密就在于帮助他人成功，帮助他人更好地享受人生，从而实现与环境高度和谐，在达成个体目标的同时，让环境更健康，发展更具可持续性。

病毒组织因为破坏细胞失去发展环境而自生自灭，陈胜、吴广起义组织因为缺乏帮助一同起事的农民持续成功而昙花一现。生命个体是弱小的，因此人永远缺乏安全感。需要他人帮助同样是人的天性，哪怕是智慧绝伦的伟人，依然需要民众的支持。

赢得帮助和帮助他人，是组织的天道宿命和笃实意义。帮助他人成功，是组织生命力本质，应该成为组织的文化信仰。帮助更多的人，是组织成功的正确路径和高阶法则。字节跳动的抖音项目，因为帮助更多的播客、创业者、电商取得成功，汇聚了无限的发展力量。帮助他人成功的发展逻辑，是湿地型组织的建设原点和发展信仰。

湿地型组织理念，概括了组织生命力的终极秘密；湿地型组织模式，或许代表了组织生命力的最高境界。因为深刻理解帮助他人成功的伟大意义，它可以打破常规组织的边界，实现无限整合，践行老子“无为”的组织治理理念，追求“无为而无不为”的共赢境界。

正式定义湿地型组织概念之前，我曾经选择了“混相组织”“正、负相组织”等多个概念，始终无法满意。直到 2022 年早秋时节，我站在齐齐哈尔扎龙自然保护区的深处：

绿里泛金的杨树，百花盛开的草甸，满是芦草的苇荡，幽蓝而无际的湖面，此起彼伏的鸟语虫鸣伴着丹顶鹤啁啾地领唱，偶尔有粗尾地鼠“刺溜”消失在草丛里，白天鹅时不时在湛蓝的天空中划过一道道优美的弧线……

湿地与万物共同构筑了繁荣、恒久、生机勃勃的大生态，让我想起了组织平台、组织成员、各种社会力量，思虑已久的组织命题在内心中豁然开朗。

特定的湿地属性就如组织战略和平台服务，吸引特定的物种前来湿地，追逐着它们各自的生存权。湿地为各物种生存权优化提供关键成功要素，与各物种和谐共生，像极了抖音项目平台与播客、电商及创业者的关系，像极了和君咨询平台与合伙人的关系。湿地平台因为提供关键成功要素而极具事业吸引力，从而有资格淡化权力关系，打破组织边界，重构生产关系，释放微型组织的主观能动性，激发生产力。

“万类湿地竞自由”，湿地平台与集群化创业者共同构建了伟大的湿地型组织生态，湿地即万物的事业，万物即湿地生态，湿地与万物彼此成就——这不正是《管子》中“明一者皇”的组织治理境界吗？

于是，我决定将本书的研究主题定义为“湿地型组织”。

第二章

组织生命力密码的盒子——湿地

一、小龙的湿地

小龙开学就要上小学三年级了。这是他第二次来齐齐哈尔扎龙湿地边上的爷爷家小住。上一次是被爸爸妈妈抱着从北京来爷爷家的，那时候小龙还不记事儿。他这次来齐齐哈尔的最大愿望是让爷爷带着他去湿地，去寻找爸爸讲过的、他儿时关于湿地的“神奇”故事。

在辽阔的松嫩平原上，乌裕尔河从小兴安岭一路蜿蜒流淌，在进入齐齐哈尔和林甸接壤的广阔草原苇丛后，河床消失，失去主河道的河水四溢，形成方圆百里的大沼泽，这就是扎龙湿地。小龙爷爷曾经是扎龙乡东官地村小学的一名语文教师，从小就住在扎龙湿地的西北侧，如今，在繁华的城市与生机盎然的湿地之间，享受着怡然恬静的退休生活。

小龙刚到齐齐哈尔的傍晚，就在餐桌上闹着让爷爷立马带他去湿地看丹顶鹤。爷爷说：“明早 7 点出发，你能起床吗？”小龙啃着铁锅炖的大鹅腿，含着还没嚼烂的肉，高兴地大声说：“能！”

1. 丹顶鹤为什么不去北京动物园

第二天上午，小龙坐上了爷爷的电动三轮车，前往扎龙湿地。刚出小镇，就见道路两侧丰茂碧绿的草地如地毯一样向远方铺开，上面开满了五颜六色的鲜花，蜜蜂和蝴蝶伴随着虫鸣声在花间翩翩起舞。再往前行，远处的苇丛映入眼帘，越来越近，先是如一排大幕，在瓦蓝的天空下，挡住了看向远方的视线。继而，爷孙俩已经进入苇丛深处，在狭窄的道路两侧，可听见随风摇曳的茂密苇丛深处传来阵阵丹顶鹤嘹亮的长鸣和野鸭嘎嘎的叫声。

一条窄路穿过芦苇荡，一湖波光粼粼的碧水被芦苇荡包围着，宽宽窄窄地向远方铺开。阳光铺洒在扎龙湖面上，被时而飞跃的鱼儿溅起的水花砸出一圈圈波澜，似乎想要和着鸟儿们的叫声翩然起舞。

在扎龙湖岸边，小龙和爷爷刚从电动车上下来，就看见一只小动物从脚下飘然而过，跃上水面一根倒伏的芦苇，快速消失在芦苇丛中。那小家伙有着流线型修长的身材，浑身上下一溜鹅黄，是小龙从来没见过的动物。小龙兴奋地问："爷爷，那是什么？真好看。"爷爷说："那是黄鼠狼，可贼呢，专偷小天鹅、小丹顶鹤，它还会用尖尖的门牙磕开鸟蛋，吸食里面的蛋清和蛋黄。"

小龙说："黄鼠狼太坏了，我要打死它。"

爷爷笑着说："那不是坏，孩子，那是它的生存方式。在这扎龙湿地啊，有无数条生物链，小虾小鱼吃腐烂的动物和水草，大鱼吃小鱼，天鹅、野鸭、丹顶鹤等这些天上飞的鸟儿吃小鱼、吃草籽、吃嫩草，像黄鼠狼、草原狼、紫貂、豹猫、狐狸、狗獾这些食肉动物就会以鸟儿、兔子为食。这是食物链，在我们看来，狐狸、黄鼠狼是天鹅、丹顶鹤的天敌，在动物世界，这就是自然，算不上什么对错好坏。"

小龙说："爷爷，北京动物园的鸟儿可幸福了，没有天敌，大家都知道保护动物，鸟儿想吃什么我们就喂给它们什么，那些鸟儿多幸福啊。为什么这些天鹅、丹顶鹤不去北京动物园啊？"

爷爷说："动物园是人强制要求动物住下来，让动物按照动物园工作人员想要的样子来给别人表演和展示，是工具，动物们是没有自由的。而这里的动物们，是自己看到了这湿地的好，受湿地好处的吸引，主动选择到这里安家落户的。动物园再好，也是人们所想象的好，不是动物们认为的好，对动物没有吸引力。”

“北京对天鹅、丹顶鹤会有善意的保护，但是，天鹅、丹顶鹤这些动物，它们要的不是人类的保护。它们要的是足够的食物，是繁殖的环境，是不受打扰的生活，它们渴望自己主导命运，希望自由自在地生存。而如今呢，成年人按照人的想法，努力为这些鸟儿创造生存环境，但是，人们无法理解鸟儿要什么。北京那样的大城市，给不了鸟儿们想要的生活。他们能给予的是强迫、是束缚，那是人们自己想要的，可不是鸟儿们想要的。那些鸟儿如果有机会飞走，遇到扎龙湿地这样的地方，是不会再回去的。”

2. 一只白天鹅死了

和小龙在湖边站着说了一会儿后，爷爷打算带着小龙向芦苇深处走一走，顺便抓两条鱼回去做午饭吃。尽管芦苇地里随处有陷入泥沼的风险，但是从小便生活在这里的爷爷，清楚脚下的每一块土地。一穗儿一穗儿的芦花正在抽穗，油绿的枝叶头顶披散着一簇簇浅咖，柔软蓬松，密麻麻连成了茫茫的一片，摇曳在蓝天下，清风拂过，如海浪般起伏；叶子的“飒飒”声，虫儿的“嚯嚯”声，鸟儿的“喳喳”声，和着丹顶鹤高亢、嘹亮、清脆、悠扬的鸣叫，此起彼伏，高低交错，似急缓无序，又好像彼此呼应，如同进入了国家大剧院，听着最顶尖的乐队演奏可流淌心头、沁人心脾的华美乐章。

小龙跟着爷爷沿着只能一个人通过的小路向芦苇荡深处钻去，突然小龙问爷爷：“那是什么？”眼前是一只肥硕的白天鹅，走近看已经死了，腹部大部被什么动物给掏空了。

爷爷说：“看样子，这是一只老鹅，可能是死后被什么小动物吃肉了。”

小龙说：“好可怜，我们把它埋了吧，要不，它的尸体还会被吃掉的。”

爷爷说：“大自然有大自然的法则，不要管它。咱们扎龙湿地和北京动物园大不一样。这里是各种动物的世界，有泥里的，如各种微生物、蚯蚓；有水底的，如水螺、水蛭；有陆地上的，如刚才跑走的黄鼠狼；还有天上飞的丹顶鹤、野鸭、白天鹅。动物们各自用属于它们的自然法则，传宗接代，生老病死。它们有的表面上看起来互为天敌，实际上是互为食物链，天鹅吃小鱼，天鹅死了，尸体腐烂了，会繁殖微生物，也为小鱼提供了食物。这湿地啊，为生活在这里的每只小动物都准备好了一日三餐。这里是它们的家乡，不管鸟儿深秋离开飞出多远，明年一准都要飞回来，在这里安家落户，繁殖和创建家族。”

“咱们人类总是想着如何掌控一切，什么都想管管，以为那是善心。但在湿地的大自然里，一切顺其自然便是最好。这些动物们自己管理自己，自己经营自己，自己繁殖和壮大自己的族群。它们自由地选择湿地给它们提供的便利条件，在发展自己的同时，也在为湿地、为湿地其他动物做贡献，帮助其他动物成长，这就叫生态。”

小龙好奇地问：“按爷爷的说法，它们只管自己，那它们怎么帮其他动物成长呢？”

爷爷笑着说：“这个你还不懂。就说这只死天鹅吧，你看它的尸体已经被其他动物吃了一半了。哪只动物吃了，是不是就可以填饱肚子了。如果它在这里烂掉，便会繁殖大量的细菌和昆虫，细菌可以腐蚀植物，给小虾米带来食物；而虫儿可以被鱼儿当早餐，帮鱼儿长大，长大的鱼儿又可以带给小天鹅食物，它们是不是在为了自己的同时，也帮助了其他动物呢？这叫自然秩序，采用的是不用管理的管理；这也是万物的生命意义，每个生命来到这个世界，根本目的都是帮助其他生命实现美丽的梦想，你还小，等你长大了就懂了。”

3. 是谁告诉它们这里好的呢

再往前走，就是一个小水泡子了。那里是扎龙湖边上芦苇深处湿地上的一个小湖泊，爷爷把那里叫作泡子。爷爷从背包里拿出折叠鱼竿，放上鱼饵，开始钓鱼。小龙却还在琢磨爷爷说的自然秩序和生命意义。直到爷爷钓上一条半个手臂长的黑鱼，小龙才回过神来，赶紧去帮爷爷抓鱼。

那泡子里的鱼儿似乎很多，有时能看见黑黝黝的一群游来游去。在不远处的莲花与荷叶之间，一群野鸭在水中嬉戏。爷爷将鱼竿插进泡子边上的黑泥土，说：“走，小龙，我带你去找野鸭蛋。”

有野鸭蛋？小龙兴奋了，跟上爷爷，小心翼翼地拨开芦苇，一步一步向地势稍高的地方走去。果然，没走多远，便发现了草丛中有一个像卧筐一样的窝，里面是淡绿色的野鸭蛋。小龙高兴地要去捡，爷爷马上制止，说：“孩子，看看就行了，那都是鸭妈妈的小宝宝，不能动噢，来，我们拍个照就走。”

小龙懂事地点点头，两人拍完照，又悄悄地退了回去。爷爷说：“你爸爸小时候，经常在这里捡鸟蛋回家炒了吃，现在实施动物保护法，大家都不这样做了。鸟儿们现在在这里更安全，所以，这几年，鸟儿的数量越来越多，有上百种呢。”

小龙说：“这里真是鸟儿的天堂啊。这些鸟是怎么找到这里的？是谁告诉它们这里好的呢？”

爷爷听了小龙的问话，笑出声来，说：“就像你爸爸总想要找个好公司，鸟儿们寻找最适合生存的地方，是它们的天性。它们祖祖辈辈就这样找啊找啊，每一只小天鹅都要学习如何识别生存环境。

好的生存环境不仅是可以被鸟儿们看到的，更是鸟儿们一代一代用生命试探出来的一种湿地‘信用’。湿地以足够的水草和地势、地貌，用君子守信用一般的季节安排，才让鸟儿们相信。鸟儿们相信这片湿地值得信赖，便会相互转告，世代定居。”

“鸟儿们喜欢什么样的地方呢？这个地方只要能提供给它们生活和传宗接代的条件，并且相对安全，那它们就会选择。尤其是这些候鸟，它们和房檐下的麻雀不一样，它们有长途飞行的本领和感知气候变化的能力。这种有本事的鸟儿，更讲究生存环境。湿地季节变化，不同季节适合不同的物种生活生长。湿地季节变化就像人的信用，从不爽约；候鸟们知道湿地提供的有利条件则会如约而至，也从不爽约。到时候，条件具备了，该来的便会从四面八方向这里汇集。”

“人也是一样啊。都说人往高处走，水往低处流。你爸爸为什么愿意去北京，不愿意在扎龙？还不是你爸爸认为扎龙不能实现他的理想！不过呢，你爸爸在北京这么多年，也没找到属于他的湿地，这次他回来说要自己单干，我看行。既然找不到属于自己的湿地，就自己做一片湿地，让别人到这片湿地上来发展，我看也挺好。”

爷爷的话，小龙似懂非懂，但大致可以明白，爸爸这次之所以有时间带他回扎龙，是因为辞职了。从小到大，爸爸一直在忙，每次都是爷爷奶奶从齐齐哈尔来北京看他们。这次爸爸因为辞职，才有时间带小龙再次来到扎龙。

不知不觉，天热起来了，爷爷已经钓到了 3 条大黑鱼，开始收工了。爷爷说，这里相当于他的家庭鱼塘，只有野鸭和几个老伙伴知道这里，想吃鱼了就来钓上两条，从不贪多，今天是因为家里吃午饭的人多。快到晌午了，收工回家。

二、组织生命力密码的盒子

1. 向湿地探寻组织活力的密码

“人法地，地法天，天法道，道法自然。”老子《道德经》这 4 个效法，是我们追求目标、解决难题的通用法则。既然如何实现组织活力和基业长青是管理学界的难题，为破解难题，便当向大自然寻找解决难题的方法。

小龙爷爷作为一名小学语文教师，在扎龙湿地周边生活了大半辈子，自己早年借助湿地有蛋吃、有鱼吃、有肉吃。现在生活好了，加上动物保护法约束，不再捡野鸭蛋、吃鸟肉了。但是，他理解湿地是为微生物、植物、动物等诸多物种提供生存与发展的关键成功要素，他理解不同物种之间的生态关系，甚至他根据儿子在北京追求事业的过程，感慨了社会组织不如湿地组织的发展智慧。

根据小龙爷爷的说法，湿地对于各种希望在湿地平台上创建家园、发展事业的小动物们，不设门槛，不实施招聘选拔，不管你是土里钻的蚯蚓、地上跑的黄鼠狼、天上飞的野鸭、高贵的白天鹅还是仙风道骨的丹顶鹤，你只要想来，就可以自由选择进入。但是，至于在这个湿地平台上，你怎样借助湿地提供的条件求发展、发展到什么程度，那就看你自己了。有的家族成群、繁荣兴旺，有的自生自灭。这让我们很容易想起字节跳动的抖音项目，为毫无联系的播主、创业者、电商们提供剪辑制作和视频上传的便利，甚至帮助其吸引流量。谁做得越好，抖音平台就越帮助谁推广，不同播主之间相互影响，吸引流量，共同打造了生态化的抖音平台。以至于这个湿地型组织的代表企业字节跳动，在不到 10 年时间里，做到万亿元市值，创造了企业高速发展的新奇迹。

根据小龙爷爷的说法，湿地不像动物园。动物园为了实现吸引游客的经营目的，会捉来各种奇奇怪怪、健康灵动的动物，让它们按照特定的布局，生活在特定的空间，给予动物园保育员们所认为的、理想薪酬般的上好食材，死后还要给予安葬。然而，终其一生，它们都生活在动物园这个特定组织的强权下，并无快乐可言，违心地实现动物园的价值，而非自己的价值。而湿地从来都是努力淡化权力，所体现的是其特有的服务吸引力。湿地对各物种的服务，都是各物种的重大关切，如无尽的水源、水路交错的地理环境、深浅适度的水洼、远离高智动物风险。不管是对食物的需求还是对安全的渴望，湿地都尽可能去满足；湿地本身不能满足的，还可以通过培育最底层的微生物和植物，创造出生态共享、互为食物链的优良发展环境。

湿地被誉为“地球之肾”“生命的母亲”。湿地水陆交错，孕育了生物多样性，能够调节气候、净化水质、保护生物多样性。作为以水域为主的生态系统，其生物群落兼有水生和陆生多种类，物质循环、能量流动和物种迁移极其活跃，具有旺盛的生物生产力。从微生物到动植物，从鱼虾、狐狼到天鹅、丹顶鹤，“参差雁阵天初碧，零落渔家蓼欲红”，湿地因为善于提供不同物种赖以生存的关键成功要素，而吸引全球各地的动物家族不远万里纷纷前往湿地筑巢搭屋、生儿育女、壮大家族，其自身生存发展的道路选择，也为湿地其他物种的发展贡献力量，共同铸就了生机勃勃的湿地生态。

2. 打开湿地型组织活力密码的盒子

说起华夏文明，人们自然想到长江、黄河等古老的河流。古人沿河而居，看重的不是河流，而是湿地。河流每年洪水泛滥，都会给周边湿地带来厚厚的淤泥，使得河谷周边地区的土地极其肥沃，各种微生物的繁殖和植物的茂密生长，吸引各种动物在这里生养繁殖，为人们提供食物。到了农耕时代，人们开始利用湿地周边肥沃的土地耕种。沿河农业的发展，本质上是湿地农业的发展，围绕湿地，孕育并铸就了文学、数学、医学、哲学、建筑学甚至美学方面的辉煌。可以说，湿地才是华夏文明的生命之源。

《吕氏春秋》记载，古代中国有“十薮”，薮就是水草茂盛的湿地。古时湿地大多分布在黄河中下游。黄河两岸的湿地为农牧业的发展提供了前提条件。殷商至北宋年间，黄河流域一直是中国政治、经济和文化中心。可以说，中华民族的文明史，伴随着湿地而发展，伴随着汩汩的水声缓缓滋长，润泽而绵长。

不仅是华夏文明，“四大文明”均源于河流、湿地哺育。几乎所有古文明的起源都与河流、滨海湿地密切相关，如爱琴海孕育了古希腊文明、台伯河滋养了古罗马文明、红海哺育了阿拉伯文明、墨西哥湾诞生了玛雅文明等。还有欧洲的英国、法国、德国、芬兰、瑞典和挪威等许多国家，都是紧邻湿地发展起来的。

湿地孕育了生命，湿地孕育了人类文明，湿地孕育了无数组织。从最早的各种动物种群和家族，到人类的种群、家族、宗族、部落、城邦、国家，人类不仅从湿地上汲取了生存所需要的物质资源，而且从湿地上提炼出了组织发展的智慧，如《道德经》中“生而不有，为而不恃，功成而弗居”，所表达的正是湿地的高风亮节。“既以为人，己愈有；既以与人，己愈多”所表达的不仅是湿地的用世智慧，也是生命的意义在于帮助他人成功、支持他人生命的美好，鼓励组织与环境共繁荣，为个体和组织追求生命的精彩提供了金光闪闪的通天之衢。

至此，自然可以联系到第一章讨论的资源型领导力和服务型领导力，可以揭示湿地所承载的关于组织的天地之道、自然之道。其关于组织生命力的密码可以用 5 个关键点来表达。

关键点一：湿地因为特有的吸引力，让各物种自动涌向湿地，自觉适应，自主应用，共同铸就湿地生态的伟大力量。

关键点二：湿地特有的资源禀赋，表达了不同湿地的战略风格，主导和孕育不同的文明属性，发展不同战略行为的组织集群。

关键点三：湿地作为主导者，致力于淡化权力对各物种的影响，让各物种享受其天然的主权，充分体验生命的自然之美。

关键点四：湿地是有指令信号的，但湿地不让各物种感受指令信号的约束，天地不言，雨露各知，湿地借助自然信号，成为人类组织文化与文明的教科书。

关键点五：组织存在的意义如生命的天然使命，在于帮助他人成功，让这个世界更加美好。

随着科技的发展，人们逐渐忘却了湿地的价值，逐渐地远离湿地，冷落湿地，甚至破坏湿地，忽视了湿地对组织建设的伟大昭示。在追逐物欲的过程中，人们的私心私欲持续膨胀，越来越相信权力的力量。

三、湿地揭示了组织建设的最高境界

组织成员若失去领导，则成为乌合之众、一盘散沙。因此，管理学研究组织问题，多从领导力入手。第一章列举了管理学界定义的 5 种领导力，分别是指令型领导力、参与型领导力、变革型领导力、资源型领导力和服务型领导力。该章节指出，指令型领导力和参与型领导力对应《管子》的“谋得兵胜者霸”；变革型领导力对应《管子》的“通德者王”；服务型领导力也称“仆人式领导力”，与资源型领导力接近，对应的是《管子》的“察道者帝”。但是，管理学界所总结的诸多领导力类型，没有任何一种领导力可以达到《管子》的“明一者皇”。

“明一者皇”是怎样的一种组织境界，需要锻造怎样的领导力？

与指令型领导力、参与型领导力、变革型领导力、资源型领导力和服务型领导力不同，“明一者皇”这种领导力，可以突破组织特有的权力边界，善于调动整合组织内、外部一切力量，在帮助来自不同方向的力量实现它们各自小目标的同时，支持组织实现更加宏伟的目标。

“明一者皇”是组织的最高境界，这种境界在《易经》中表达为“用九，见群龙无首”。用九，也可以理解为长久地发挥效率，赢得长久生命力。组织基业长青的密码，在于积极奋进的组织战略文化框架下，各部分结构、各业务单元、各组织部门、各成员，每个个体都如一条龙，这些龙集群化地在整体战略赛道上，受“光明顶”伟大愿景感召，各自为战，表现了极强的竞争力和不可争锋的组织发展力，共同构成了“元亨利贞”四德兼备的伟大组织状态。

这种组织状态便是具有“明一者皇”属性的湿地型组织。

回归湿地属性，再去解读《管子》的“明一者皇”，那该是怎样的一种组织治理境界?

那种组织治理境界有两条主线相互作用而成为力量。

一条主线是有形的资源要素力量，为前来组织平台做事业的各主体提供有竞争力的、所需要的关键成功要素，帮助其成功。就像湿地为丹顶鹤提供食物和安全的栖息地。

另一条主线是无形的指令信号，或称“文化战略”。南方湿地和北方湿地属性不同，所吸引到的物种有所差别，对于人类来说，造就了不同的人类文明。

这两条主线，构成了组织强大的吸引力，吸引各方力量自觉来朝，主动前往创立事业。

这种组织治理境界展现了强大吸引力，和一般组织不同，其特点是不设门槛，没有边界，广泛接纳。各物种在平台上接受自然选择，平台则对更具力量的族群，给予更多的帮助。

也就是说，湿地型组织的特点是极大地支持，极小地表现权力，从而给予各物种公平的机会。由此引出的领导力比资源型领导力和服务型领导力更上一个台阶：对组织成员不做选择。我若盛开，蝴蝶自来。因为前往加盟的个体和组织数量基数大，成功的绝对值便会上升，这就是抖音项目短期快速崛起的秘密所在，也是大自然留给我们创建卓越组织的终极密码。

这种湿地型组织的最高境界，如果说也是来自领导力的话，则可以简单定义为湿地型领导力：明确定位，有吸引力的文化战略选择，提供让内、外部成员可见、可知、能理解的自我发展机会，提供个体所需要的、有竞争力的关键成功要素，促进个体互为生态。每个个体都感觉在为自己而战，同时也在帮助湿地和战略伙伴，共同塑造极具活力、有竞争力的强大组织生态。

《道德经》第二十二章写道："夫唯不争，故天下莫能与之争。"古之所谓"曲则全"者，岂虚言哉？诚全而归之。

第三章

打破组织寿命的魔咒

幸福地活着，健康地活着，快乐地活着，长久地活着——活好并长寿是人类不懈的追求。对于组织来说，保持生存权，传承、延续、扩大生存权，是恒久命题，包括最简单的病毒组织和复杂的组织都是如此。然而，到目前为止，世界上没有哪个组织可以永生，即便是地球，也已经被发现正在经历属于它的生命周期，诞生、发展、成熟、衰落，乃至转化、消亡。

企业是用来破产倒闭的，组织是用来解散消亡的，“寿命有时”是组织的魔咒。作为组织，健康长寿发展、保持组织活力，依然是永恒的命题。怎样才能让组织持续富有活力，实现可持续健康发展？

每个组织都是发展环境的产物，组织与发展环境共同构成属于组织的世界。环境的变化影响组织寿命，组织自身问题影响组织寿命，组织行为影响发展环境。组织和环境各自的变化，相当于佛家讲的“生生灭灭”；在二者各自的生灭转化中，组织与环境同频得众者兴，错频失众者灭。

环境因素对组织的影响具有不可控性。就组织自身而言，组织活力和健康问题，确定性的影响因素是存在的，其根本是组织中人的认知问题，表现在组织内部人与人的关系以及组织与外部环境中人与人的关系上。生产关系与生产力相互作用，想要获得健康组织的发展力，确定性的影响因素在生产关系里，具体落脚点在内、外部的组织关系中，表现在“得众”还是“失众”上。

组织活力和健康可持续问题，在于适应环境，更在于“修炼认知，打破边界，与时偕行，汇力得众”。

一、组织关系是影响组织活力的重要因素

组织关系包括组织权力与组织成员的关系，成员与成员的关系，以及组织与外部环境的关系。文化认知是组织关系的基础，组织内、外部成员的主观能动性是组织关系的表现。

公开数据显示，我国民营企业平均寿命大约是 3.7 年，中小型企业的平均寿命只有 2.5 年。美国中小型企业的平均寿命是 8.2 年，日本中小型企业的平均寿命长达 12.5 年。我国大企业的平均寿命是 8 年，欧美国家大企业的平均寿命是 40 年，日本大企业的平均寿命长达 58 年。

另有数据显示，全球百年以上企业大约有 5 万家。其中，日本超过百年历史的企业有 25321 家，位居世界第一；第二是美国，有 11733 家；排名依次而下包括德国、英国、瑞士、意大利、法国、澳大利亚、荷兰、加拿大，占据了全球百年企业排行榜的前十名。

作为世界人口基数领先的大国，中国百年企业仅有 75 家，包括吴裕泰、六必居、王老吉、同仁堂、张小泉、陈李济等。这些百年企业中，最古老的六必居成立于明朝嘉靖九年（1530 年），寿命接近 500 年。日本超过 500 年历史的企业有 147 家，超过千年历史的企业达 21 家。前文介绍的世界上最古老的企业日本金刚组，从创立到现在已经有 1445 年。

长期战争导致人的平均寿命缩短。同理，企业寿命的长短与历史发展环境息息相关，稳定的社会环境是一个因素，文化影响因素也不容小觑。

日本长寿企业数量多，与其历史环境因素密不可分。日本偏居

岛国，较少遭受外敌侵略，社会结构稳定给日本企业提供了安全稳定的生存环境。相似地，美国建国仅 200 余年，其百年企业数量在全球排名第二，也有社会稳定的原因。具体来说，自美国建国以来，其本土就没有经历过大规模的战争。德国虽然经历了第一次世界大战、第二次世界大战，且战火曾经吞噬了德国全境，但其真正经历战火的时间非常短暂，总体来说，德国社会长期以来是稳定的，成就其百年企业数量排名第三。

政经环境的稳定性对企业的寿命有影响，而社会文化环境对企业寿命的影响同样重要。社会文化影响人的认知，认知影响组织行为，行为决定组织成就和寿命。学术界研究企业的长寿基因，将日本和德国重视工匠精神的社会文化列为主要原因。日本和德国都是受中国文化影响较深的国家。中国古老文化对日本的影响自不必赘言，德国则属于全民珍爱《道德经》的国家之一，其哲学家如马克思、黑格尔等的思想中，处处闪烁着老子思想的光芒。受哲学思想的影响，日本与德国的企业都比较重视基础和本质，形成了“根深蒂固”的工匠精神文化，有助于企业重视技术、质量等合乎顾客诉求的根本性发展要素，从而得到客户信赖，增加了企业可持续发展的可能性。中国作为老子思想的发源地，尽管不缺乏支持企业长寿的经营思想，但长期以来，社会文化轻视商业，做企业不是优秀人才的第一选择。加上战争不断，兵荒马乱，企业难以长久。社会文化歧视商业行为，杰出人才走向仕途，没人愿意从事商业，决定了企业家群体的整体素质不高，影响长寿企业的数量。

中国封建社会的外部环境不利于企业发展，但依然有 75 家企业成为百年老字号，说明影响组织健康长寿的因素并不能以归因外部为借口。组织毕竟由人集聚而成，“水能载舟，亦能覆舟”，从企业视角外延放大到组织话题，可以体会组织“得众”方面，即组织与内、外部人的关系对组织寿命的影响。

文化环境影响组织关系，组织关系决定了内、外部组织成员对组织的态度，这对组织建设提出了两个必答题。

第一，如何使组织成员为了组织而具有持久的主观能动性？

第二，如何让具有高度主观能动性的组织成员数量无限放大，形成集聚性企业动能？

这两个问题是组织活力和权力稳固的核心命题，不仅适用于企业，也适用于各类组织。

“水能载舟，亦能覆舟。”如果组织成员具有高度的主观能动性，自觉地将组织的事儿当成自己的事儿，那么这个组织的发展便不是问题。

如果组织成员的主观能动性走向了反面，那么无论多么强大的组织，也会如《韩非子·喻老》所述，“千丈之堤，以蝼蚁之穴溃”。历史上类似大秦帝国因为陈胜、吴广起义而快速崩塌的案例众多。略作延伸来说，如果一个地方想要发展经济，一方面塑造营商环境，另一方面用组织创新提升组织成员的主观能动性，形成众人拾柴火焰高的集聚局面。这两个问题，都可以落脚在组织成员的主观能动性上，形而上的说法是“组织关系”。

二、组织理论创新是企业长寿的元命题

我国历史上长期重农轻商。“万般皆下品，唯有读书高。”自春秋时期以来，重仁义政治、轻营商谋利的儒家文化，让一代代社会精英主观上抗拒商业，导致中国传统文化中关于企业的理论研究有限。新中国成立前的近百年，以美国为代表的欧美国家大兴商业，而中国正在经历清朝政府衰落、列强入侵、军阀混战、抗日战争和解放战争，兵荒马乱之下民不聊生，缺乏企业生存的营商环境。新中国成立后到改革开放前，计划经济同样不适合现代企业创建和

发展。

改革开放后，中国人骨子里的商业能量才得到解放。政策的松绑让中国企业如雨后春笋，短短 40 多年，中国便在世界经济中扮演重要角色，科学技术、产业规模、细分领域竞争力，处处展示了中国人的商业智慧和勤劳匠心。尤其在互联网和智能化大潮下，中国在多领域逐步占据优势。

党的十八大以来，习近平总书记明确要求“必须把发展经济的着力点放在实体经济上”。“墨子号”量子科学实验卫星、C919 大飞机、天马望远镜、“天鲲号”重型自航绞吸船等一件件大国重器横空出世；高铁形成完整产业链条走出国门，北斗导航系统开始向全球提供服务，世界第一条起重机智能化生产线诞生在中国。在明确实体经济地位的同时，习近平总书记还强调要精准把握“实”与“虚”的关系，“经济发展任何时候都不能脱实向虚”，“要虚实结合，以实为基础”。

党的二十大进一步强调“毫不动摇巩固和发展公有制经济，毫不动摇鼓励、支持、引导非公有制经济发展”，更加明确定义非公经济的社会地位，强调民营经济作为国民经济的重要组成部分，定义为推动我国经济高质量发展不可或缺的重要力量。

当前，社会环境和适商文化让中国具备了发展百年企业的土壤。从社会环境来看，有中国共产党的坚强领导，在发展实业、支持企业发展的大政方针下，中国企业发展环境迎来了新的历史时期。从适商文化来看，中国从来就不缺乏适合商业发展的文化基础。中国道家文化，为企业发展提供了思想原动力；而中国兵家、法家文化，为对外竞争和对内治理，提供战略战术的高超指引；中国的儒家、墨家等在企业文化方面，给出了系统性的建设韬略；等等。结合西方管理学的系统研究，中国企业在稳健强大的社会环境中，具备了实现百年梦想、千年大计的前置条件。

但是，作为商业的后起之秀，中国企业想要在全球成为主力，依然面临文化认知、组织发育和运营管理等方面的挑战。

其一，从文化认知来说，经历过贫穷落后时代的老企业主，更加看重赚钱盈利的企业目标；而在“蜜罐”里泡大的一代，往往缺乏奋斗精神。以赚钱为目的的企业主，笃信“企业是用来倒闭的”，一边做企业，一边留后手，便不自觉地将企业当成投机圈钱的工具。而在“蜜罐”里泡大的一代，有些人则不愿意接班做企业负责人。这两种现象让很多企业失去了发展的原动力。如何让更多有勇气、有情怀、有梦想的经营型人才走上企业主导者岗位，是现代企业的急迫命题。

其二，从企业所有权来看，中国在全球有竞争力的企业多数属于国有企业。国有企业资源丰富，但在所有权问题上，其经理人与企业间的连带关系有限，主观能动性和权力之间往往是割裂的。组织成员主观能动性和权力之间的鸿沟如果不能快速消除，资源丰富而经营效率低下的状态则很难有大的改观。从百年企业来看，没有一种资源可以支持企业基业长青。能让企业长寿的主要因素，从企业内部来说，在于人的主观能动性，其根本在于组织关系的处理上。用怎样的组织创新，重构以效率为导向的组织关系，是以国有企业为代表的大型企业必须面对的问题。

其三，技术的连贯性存在人为的鸿沟。日本和德国企业的工匠精神，是企业产权明晰情况下，一种适商文化在企业技术上的表现，这种表现是连续的，甚至是世代传承的。其背后是核心技术人员的稳定性。随着科技对市场变革的驱动速度加快，企业立足于市场，更需要技术的连贯性。不经由组织创新，让所有权与执行权统一，保障相关人员的主观能动性，技术优势很难持久。

其四，文化冲突需要新思想的调和。改革开放以来，中国企业界谦卑地以西方管理学为师，学习西方先进管理思想，让中国企业从“作坊”状态快速进入现代企业管理状态。但是，在西方管理方法进入中国的过程中，各种管理思想和手段泥沙俱下，很多糟粕正在毒害中国企业。比如，各种以权力为驱动的管理认知、考核方法，让组织成员陷入高强度的复杂状态，“5+2”“白加黑”的另一面是消极怠工，组织效率低下。

“民本思想”意味着中国文化对组织成员的重视具有天然性，如和君咨询始终倡导“员工”和“客户”两个满意度，在这两个满意度中，员工满意度优先。目前，绝大多数企业主要受西方管理学思想的影响，千方百计寄希望于凭借权力下的管理去驱动优化绩效，在组织和员工之间设置了人为的沟壑。由于沟壑裂缝巨大，以绩效管理为代表的西方管理学思想和中国传统组织文化发生了激烈的冲突。如何化冲突为协同？需要文化引领，更需要组织模式和组织行为的革新。

众多中国企业家，尤其是民营企业家，立志将企业做成百年企业。无论是企业效率还是可持续发展潜力，其根本均在于员工的主观能动性和执行力。生产关系和生产力相互作用，重构组织关系以释放理想的生产力，组织理论创新事关组织成员主观能动性问题，是企业等各种组织长寿的元命题。

以传统文化为体，以西方管理方法为用。中国企业应重视向古老思想寻求稳定“底盘”的元素，在组织发育问题上产生新发现、找到新路径、跃升新境界。

三、从主观能动性看组织寿命的十大魔咒

1. 多元化魔咒

美国艾伯维制药公司一个名叫阿达木单抗的药品创造了每年销

售额 200 亿美元的业绩，累计营收超过 1600 亿美元；类似地，辉瑞制药公司一个名叫阿托伐他汀的药品每年实现百亿美元以上销售额，单品累计营收也超过 1600 亿美元。如果企业在细分战略领域做得好，是没有必要多元化的。企业多元化的原因有两个：一是在主赛道增长方面遇到了瓶颈，为了实现企业增长目标，寄希望于多点累积、增长点分蘖；二是企业资源丰富尤其是手握充足的现金流，需要寻找新的投资领域。无论如何，企业多元化的本质，都是对主赛道的未来缺乏信心。

多元化容易导致组织落入快速崩溃的魔咒，规模越大，精力越分散，处处竞争优势不足，死得越快。为什么多元化公司会落入魔咒，走向失败？其本质原因在于，多元化公司往往在主赛道上已经失去了适商文化，员工主观能动性不强。企业看不到自己的问题所在，不懂得如何提升员工的主观能动性，而是寄希望于发展多元化。找不到提升员工主观能动性的好办法，当然投入越多，倒闭越快。

2. 增长停滞的魔咒

增长不应该成为公司发展的主题，活得好才是。而更多公司将追求持续增长当作发展的主题，一旦向上扬的业绩增长曲线出现拐点，企业立刻陷入兵败如山倒的窘境。很多企业寄希望于用业绩的高速增长解决众多经营矛盾，就像中了“增长停滞魔咒”，一旦停止增长，企业便快速倒闭。

这样的企业所面临的本质问题多是过度举债或过度投资，企业当期利润不能维持债务信用或补充成本预算，只能靠高速奔跑维系财务亏空。存在类似问题的企业，没有意识到员工才是企业真正的核心竞争力，却错误地过于信奉资源和资本的作用。员工的主观能动性不能转化为企业的创新合力，增长趋势一旦逆转，各种价值关系的矛盾便集中暴露。企业在顺境中，缺乏集体担当的乌合之众都自认为是功臣和英雄；而出现问题时，则相互推诿指责。对于不乏退路的员工来说，往往事虽关己，但自认为逃离有路，依然如看客般将企业问题高高挂起。诸多现象汇集在一起，表现为企业陷入无法自拔的内部混乱。

3. 现金断流的魔咒

现金流是企业的“血液”，无论企业大小，现金断流都难以为继。论及现金断流，企业过度冒进，没有根据仓里的米下锅往往是表象原因。本质原因多在于具体运营细节上，企业内、外部与现金流相关的人员和企业不是一条心，有的是承诺现金流供给的，对企业主失信不能及时供给，如银行信贷；有的是使用现金流的，不能实现预期效益，如研发。无论是哪种情况，这些人与企业不是一条心，主观能动性未能发挥作用是共性原因。

资源和资本任何一项出现断流，都会导致债主盈门，银行账户被封，公司成员作鸟兽散。资源和现金流对于企业来说固然重要，但是从本质上来说，只可以作为企业员工的工具，而不是主导。若无法让员工的主观能动性深入经营细节，一旦运营出现问题，则全盘坍塌。

4. 不顾风险的魔咒

政策风险、行贿风险、合规风险、财务做账风险、质量风险、竞争风险……说起企业风险，可以列举几页纸。其中任何一项风险，都有可能置企业于死地。

企业试图通过建设风控体系减少风险，但效果有限。如何最大限度地远离风险？其方法必然落实在组织成员头上。毕竟所有的风险，根本上都与人有关。因此，从主观能动性入手，让所有企业人主观上将企业风险当作自己的风险，才是最好的企业风控。

5. 迷惑于当下的魔咒

曾经有企业研究汽车导航仪，产品刚刚上市，便被智能手机导航系统轻松颠覆，失去了市场。中国古话说：人无远虑，必有近忧。很多企业虽然对当下的事务做到了极致，但是与客户需求脱节，跟不上市场竞争的速度，最终忙了个寂寞。企业始终是与环境相生相长的组织，个人头脑比不上群众的智慧，只有调动全员主观能动性，保持战略的敏锐度，才不至于被当下的精致所迷惑。

6. 追求精益的魔咒

对产品质量精益求精是立足市场、赢得客户的重要途径。但是，以“精益”的理念对企业所有事务都追求完美，则会大大增加企业的成本。比如，企业要求每一个报告、文件、会议或行动都追求精益求精，员工不能犯错，整个企业上下在追求严谨的氛围中变得紧张忙碌甚至焦躁，那便失去了精益的本质。精益的本质在于对客户的服务竞争力，而在远离客户服务的节点上，大可以粗糙包容，以降低成本。不加界定而追求精益的企业，很难活得久。因为苛责下的员工心态不利于主观能动性的发挥。

7. 客户枯竭的魔咒

有较高的客户满意度的前提是有较高的员工满意度。没有员工满意度，就不会有员工的主观能动性，自然不会有持久的客户满意度。一家不注重员工主观能动性的企业，服务创新和客户维护都无从谈起，最终客户枯竭，企业倒闭。

8. 胡乱变革的魔咒

有企业愿意将“变革”当作企业经营的主题。变革是创新的另一种说法，但变革比创新更具破坏性。企业为了达成某种目的而去破坏现状，很多时候不是科学的选择。“活水源流随处满，东风花柳逐时新。”一家好的企业，员工将手头事务当成自己的事，创新则无处不在、无时不有，各种技术革新会于无声处自然而然地发生。有些企业胡乱变革，便落入了“变是找死、不变是等死”的魔咒。企业之所以到了不变革便不足以脱离死地的地步，本质上是员工主观能动性不足，创新力不够。

9. 散伙的魔咒

企业赚不到钱散伙，企业赚到钱一样会散伙。因为人的价值观和发展理念难以长期统一，战略选择问题、引入新人问题、融资问题、分配问题，都可能成为企业散伙的导火索。如何既保证企业权益人发挥主观能动性，又不导致决策上的踩踏，是组织创新的一个新难题。

10. 创始人被踢出公司的魔咒

创始人是企业的灵魂。有很多企业因为资本的深入，导致创始人失去企业控制权，甚至被踢出公司。对于大多数这样的企业来说，重构企业灵魂是很难的。往往随着创始人离开公司，企业走向没落。保护创始人对企业的控制权，同时发挥众多相关者的主观能动性，需要在组织模式上提前做出结构化安排。

四、向湿地学习组织创新的最高境界

前述“十大魔咒”影响企业寿命，其本质是种种现象削弱了组织成员的主观能动性，从而导致组织效力下降，可持续发展的根基动摇。现代管理学界和企业家们，通过各种模式解决组织授权和员工主观能动性之间的“悖论”，有的取得了阶段性成果，值得肯定、学习和推广。但是，在总结前人所做努力的基础上，我发现所有的企业，乃至各种组织，都过度强调了主导者的权力，将提升组织成员主观能动性的希望寄托在以权力为主导的管理手段上，没能打破权力边界，更没能突破组织边界，管理者与组织成员之间的鸿沟始终不能消除。

湿地不言而万物生。

如果将湿地看作一个组织，这个组织的最大特点是特别善于处理组织关系。

在湿地生态的伟大愿景下，湿地很清楚自己扮演怎样的角色，也清楚前来投奔者的角色属性。于是，基于前来投奔者的角色属性，湿地做好自己该做的事，将自己该做的事做到极致，并为前来投奔者将自己的事做到极致提供了保障和必要条件。因此，湿地有条件、有理由、有资格远离那些复杂的管理和控制活动，避免了大量的组织矛盾和冲突。

湿地对待组织成员的态度是放手，让组织成员自经营、自管理、自发展、自淘汰。它着力建设湿地型组织吸引力，持开放的态度，不拒绝任何前来投奔者，所有想要从湿地获得利益的主体都可以在湿地的平台上靠自己的能力达成目标。

湿地这个组织有自己的信仰，那就是“利他自利，成人达己”。从湿地本身出发，一切行为都是帮助各物种成功。在“利他”信仰的导向下，湿地建设属于自己战略赛道的严格秩序，为外部力量、外部组织提供的关键成功要素是建设性的、是有竞争力的。湿地为保持自己的吸引力，在外部组织成员所需要的关键要素上一丝不苟，水草丰富，水深适度；宽广包容，机制共生；无须多言，万物自知。

湿地这个组织致力于营造与外部成员的平等关系，尽量避免留下权力的痕迹，而是倡导以规则整合。湿地与天鹅、丹顶鹤之间没有捆绑关系，来去自由，不用命令。为了维系吸引力，湿地尽可能提供有竞争力的平台服务，让天鹅、丹顶鹤等物种获得创建家族事业的更多便利、更多支持，保证环境安全、食物丰富。

湿地这个组织是有文化信号和协作共识的。人们只看见天鹅、丹顶鹤等随季节变化而来去自由，不太注意湿地和天鹅、丹顶鹤等动物之间的信号默契；没注意到各物种之间、各物种与湿地之间的文化信号。用企业的话来说，湿地组织是有文化、有战略、有独特价值观的。

湿地型组织既保持了组织个体的目标属性，又打破了与外部的组织边界，与外部发展环境和谐统一，相互赋能，相互促进，共同发展。

从古到今，有众多组织曾经因为这种组织理念和组织模式赢得巨大成功，它们往往是基于古老的组织文化基因而懵懵懂懂地走对了路，只可惜它们缺乏对先进组织模式的明确认识，更缺乏总结、提炼、复制和坚持。

《管子》认为“明一者皇”，从利益和主观能动性的视角来看，组织关系本不应该分你我，组织内外所有力量都应该为我所用，所有梦想都有机会经由我的平台而实现。但组织平台上的各成员，以及组织与内、外部成员之间，应该有分工，各自干好各自的事儿，各自去赚各自的钱，各自去达成各自的目标，相互协同，休戚与共，自然而然。这是认知的表现，是设计的引导，是做好自己后的相互赋能。打破人为的割裂，创建“无为而无不为”的组织境界，需要认识论、方法论，更需要以胸怀、视野、格局、手段为表现的组织文化认知。

第四章

湿地型组织

一、湿地型组织理论

1. 湿地型组织定义

生命的意义在于帮助他人更美好，组织的辉煌源于对他人的帮助所实现的回馈。湿地以其独特的价值属性，构建与万物的价值关系，并基于广泛的价值关系，获得多靶点、集群化的生产力，从而再次提升湿地的价值属性，形成价值属性与价值关系的良性互动、无限循环。

湿地的组织化特征是以其特有的资源禀赋，为集聚到湿地的各物种提供其存续所需要的关键成功要素。湿地在帮助各物种成功的过程中，成就了湿地组织目标，创建了欣欣向荣、极具组织活力的湿地生态系统。

效法“湿地塑造平台化吸引力，各物种受湿地吸引前来安家，自觉适应湿地特征，湿地为各物种存续提供关键成功要素，共同塑造极富活力的湿地生态系统”的自然现象，所谓湿地型组织，即主体企业（或主导型组织）通过构建战略赛道和平台服务，为那些希望在此赛道成就事业的个体（经营型人才）或微型创业组织提供关键成功要素，通过帮助那些创业者或微型创业组织成功，反过来成就湿地型组织大生态及目标的一种组织形态。湿地型组织强调对经营型人才的赋能和无限裂变，旨在通过重塑组织内、外部生产关系，科学使用权力，唤醒组织成员的主观能动性，从而赢得无限生产力。

与经典管理学对组织的定义相同，湿地型组织同样为了实现既定的目标，按一定规则和程序而设置。湿地型组织的平台 a，依然保持传统组织的多层次岗位及其相应人员的隶属关系，设置顺应战略的权责角色结构。主导组织或平台 a 依然如传统的组织结构，一般会包含 3 个方面的内容：①单位、部门和岗位的设置；②各个单位、部门和岗位的职责、权力的界定；③单位、部门和岗位角色之间关系的界定。但是，湿地型组织在很大程度上，尤其是贴近客户及达成终极任务指标的位点上，通过优化平台 a 与创业者 b 之间的生产关系，提升创业者 b 及所创建小团队的组织生产力。主导组织或平台 a 将文化愿景加卓越平台服务作为前提、吸引力，通过与高意愿经营型（经理人 b 即创业者 b）人才的契约，帮助经理人 b 强化独立运营权，充分释放经理人 b 的主观能动性，提升经理人 b 所创建的微型组织生产力。通过帮助经理人 b 成功，推动经理人的组织集群化发展，实现绩效的累积，继而实现组织发展力的共振效应。

湿地型组织规避了传统组织靠权力驱动指令而实现目标的模式，克服了规模的扩大导致的“组织授权和成员主观能动性之间的常见悖论”。

2. 湿地型组织形态

通过对过去和当下极富活力的组织进行观察与研究，我发现很多卓越者践行老子的“利他自利”原则，用类似湿地型组织原理，取得非凡的组织绩效，奠定可持续发展基础。例如，字节跳动因为抖音项目的快速崛起，企业市值从创立以来不到 8 年时间，便突破 1500 亿美元；又如，亚洲本土大型咨询公司——和君咨询，用了不到 10 年时间，便奠定了本土咨询业领先者地位。上溯到中国远古时期成功的组织模式和组织理论，都可看见一个共同的指引，即湿地型组织模式：

$$A=a+bn$$

A 组织由开放性的主导组织或平台 a 组织和对 a 组织高度依赖

的 b 组织集群构成，表现为 A=a+bn。

这种组织形态，很像大自然的“湿地生态”。湿地作为一个大生态，由湿地本身 a 和众多物种 b 集群共同组成。湿地与物种集群合在一起，可看作独立的组织，相当于 A。南方的湿地 A 和北方的湿地 A 各有自己的特殊性，成为不同湿地，孕育不同的生态文化。

其中，a 指湿地本身，具有主导性、服务性、吸引性、开放性和包容性，通过极具竞争力和强大吸引力的“洼地效应”，吸引各物种 b 到 a 的平台上来创业、发展事业。而各种依赖 a 前来创业、发展事业的个体 b，会形成一个个微型组织。

对于 a 来说，由多个 b 构成的各事业集群，承担为客户服务的职能，获得价值回报。由 n 个 b 形成的事业集群，以 a 为依托，自觉遵从 a 的个性或战略，共同构成生态 A，形成 A=a+bn 的湿地型组织形态。

3. 湿地型组织模型

a 与众多 b 构成的各事业集群，自觉遵从 a 的个性或战略，共同构成生态 A，形成 A=a+bn 的湿地型组织生态（如图 4-1）。

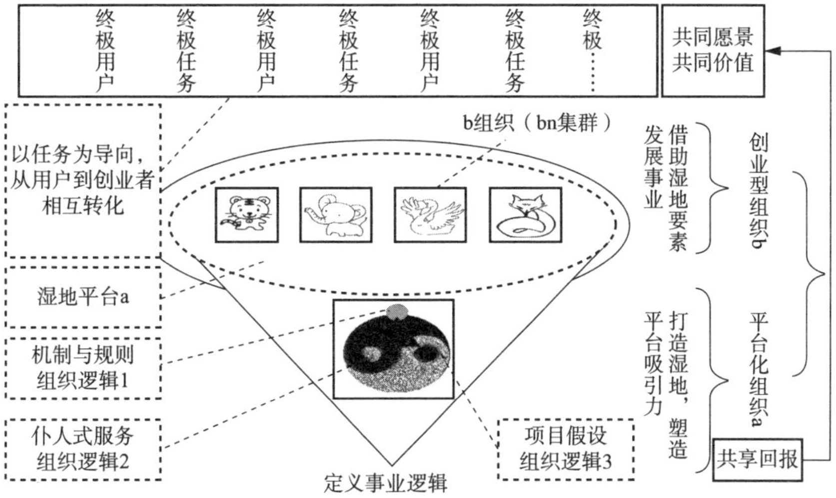

图 4-1　湿地型组织生态示意

二、湿地型组织的倡导背景

1. 管理学界的组织模式演进

“世道变了，队伍不好带了。”这句电影里的经典台词，是组织变革升级的规律性动因。所谓世道变了，本质上是组织成员的认知发生了巨大转变，对传统组织的管理方式产生对抗意识，使得组织效率大大降低。当管理创新不足以解决组织效率下降的问题时，组织模式创新是组织效率突破瓶颈的必由之路。

管理者主观上并不愿意进行组织模式改变，只有当依靠管理创新已经不能解决组织困局时，管理者才不得不考虑通过组织模式变革升级，来适应组织成员文化认知的进步。

如图 4–2，长期以来，人类组织可以分为 5 种类型。

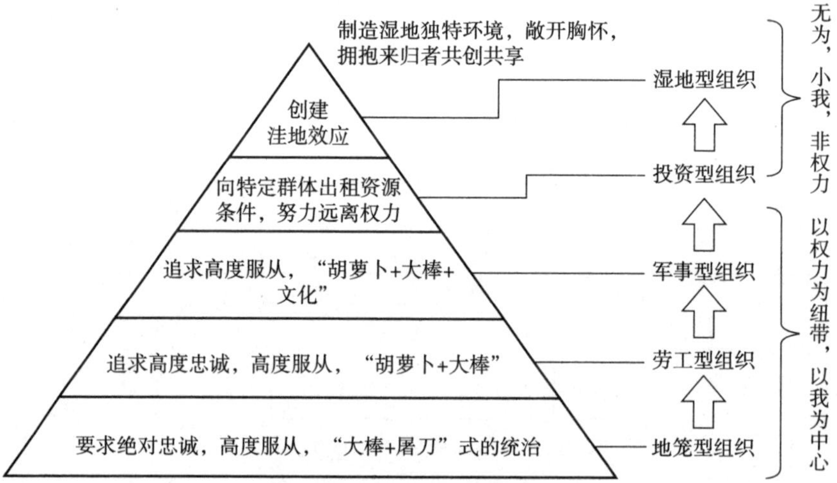

图 4–2　解决管理困局的组织模式变革升级示意

2. 传统组织强调“我要你做”

传统组织以权力为主线，以人为工具和部件，强调的是“我要你做什么”，试图通过管理解决主观能动性问题，结果事与愿违。“我要求你做什么、怎样做”现象的背后，是员工主观能动性和控制权之间的冲突，因为人性使然，这种冲突具有必然性。随着组织做大，这种必然冲突导致组织效率低下，组织内耗持续加大。

在信息化、数字化、智能化大背景下，科技发展给组织模式创新提出了新命题。传统的以权力为中心的驱动模式，已经不再适应未来社会的需求。

当前，组织效率低下已经成为大企业的普遍问题。尤其是以资本、资源、资产为优势的大型企业集团，员工创新的主观能动性不强，不同业务和职能相互掣肘、扯皮推诿，让资源、资产、资本白白耗在那里、丧失机会，本质上是传统组织模式不适应科技所推动的行为变迁，组织不能适应成员人性的新需求。权力在组织驱动中的价值越来越低，采用顺应个性、运用个性的生产关系，是提升组织生产力的必由之路。

3. 你想要的和我有什么关系

企业提升控制权的目的包括提升员工主观能动性、控制经营风险、保障企业目标实现等。其重心在于提升员工主观能动性。研究发现，企业控制权在提升员工主观能动性方面的作用是有上限的。

企业总是认为指令很重要，但对于员工来说，你的指令是“你要”，和“我”有什么关系？

随着组织持续扩张或控制权加强，员工的主观能动性会停滞在某种状态下，或者向相反方向下滑，表现为组织涣散、员工责任意识下降、消极怠工、相互推诿、人浮于事、劳动效率低下、管理日益复杂、成本持续上升、效益大幅下降、创新和活力不再等“大企业病”。

在管理学界，众多研究者将这一现象归结为“员工主观能动性和企业控制权之间的矛盾悖论”（以下简称“悖论”）。

管理学研究者和企业家们针对“悖论”所表现的种种现象，不断创新，提出了众多的、在某个特定时段行之有效的方法论，并在实践中有过良好表现，代表了管理学发展和经营实践的进步。实践证明，近年来，从稻盛和夫的阿米巴到平台化组织，再到丛林组织、生态型组织等，管理学界和企业家们从组织化角度入手，为“悖论”突围路径找到了方向。从组织文化和结构入手去解决组织问题，方向是对的，但前人在组织“悖论”的破题上，始终停留在通过中央权力驱动来提升员工的主观能动性上，即便有的高举微型组织的大旗，但本质上依然是中央集权，难以从根本上保持成员持久的主观能动性。

湿地不言而万物生。湿地和组织成员应建立怎样的关系？湿地和组织成员各自担当怎样的角色？简单来说，你是谁？我是谁？在不同的时空，将这两个问题理解充分，且能建立责任、义务和利益上的共识，是共创湿地生态的大前提。

4. 权力压强和人性的反击——主观能动性的悖论

心理学研究认为，就人性而言，主观能动性在自己内心，不是外界强加的。除非员工发自本心地愿意那样做，否则，靠外部力量如组织权力或由权力衍生出来的各种管理行为，无法从根本上改变员工的主观能动性。

不同的管理学家试图解决或改善这一窘境，针对控制权过大导致主观能动性低的情况，通过诸如增加授权、减少绩效考核、增加沟通、增加意识形态灌输以达成共同的意识形态等方式来解决。然而，越是技巧性的举措越容易导致企业控制权削弱，因为成员和组织之间心与心的距离越来越远了。所谓强化绩效考核、加强企业监控等各种方式，最终不仅于主观能动性无益，而且会挑起成员与组织之间的冲突对抗情绪。

最终，众多管理学者的共识是，权力和主观能动性之间存在不可调和的矛盾：像天平一样，一方变重，另一方就变轻。最终结局是，本打算通过管理方法创新解决问题，但主观能动性和企业控制权二者没有一方得到实益，因为组织效率低下而共同受损。笔者检索海量文献，尚未发现有效解决这一“悖论”的系统理论。

5. 权力驱动违背人性

有关“悖论”的研究，多数没有跳出传统管理学的逻辑：以权力为中心。企业作为权力主体，通过雇佣员工实现自己的目标。这种以权力为驱动的管理行为，随着组织纵向层级和横向管理幅度增加，管理流程、信息沟通、情感认同、决策依据等方面逐渐弱化，官僚式的权力中心弊端持续强化，组织效率越来越低。这种魔咒式的规律背后是人性，注定了基于权力中心视角的管理学者，如果不能跳出以权力为中心的圈子，其解决方案必然是修修补补；运用在管理实践中，如同汽车半路缺油加水虽能缓解一时之急，但效果短暂甚至会带来破坏性。

6. 没有权力则是一盘散沙

马克斯·韦伯指出，任何一种组织都必须以某种形式的权力为基础，才能实现其目标，只有权力才能变混乱为有序。如果没有这种形式的权力，组织的生存都是非常困难的，更谈不上实现组织的目标了。权力可以消除组织的混乱，使组织有秩序地运行。

不仅是人类，权力在动物界的应用也具有普遍性。权力不仅影响利益分配和生产关系，更决定秩序和生产力。群狼攻击马群，想要从比自己体形大、力量强、奔跑快的马群中猎取食物，没有组织化是难以实现的，而这种组织化的基础，必然是权力。

7. 从权力与权力之间的关系中发展生产力

权力与主观能动性之间存在悖论，没有权力则无法集中生产力，组织化效率难以达成。湿地型组织理论，倡导平台 a 和微型组织 b 之间去权力化。但这并非否定权力的意义，而是强调让平台 a 和微型组织 b 的主导者拥有更具价值的权力。

平台 a 将难以控制的、更需要执行者发挥主观能动性的事务、事项、业务，交给 b 来执行或运营。一方面，a 通过湿地型组织理论，致力于让 a 的部分目标，演化成 b 自觉的目标，即认为那是 b 自己的工作，激发 b 的主观能动性，全力以赴。

另一方面，正如 a 平时所担心的员工胜任力的问题，b 的组织行为确实存在“经理人”封顶的可能性。湿地型组织理论主张，a 强化平台服务功能：①帮助 b 实现执行力所需的必要权力；②为 b 提供关键成功要素；③在提供关键成功要素中监督 b 的实施过程，防范风险；④致力于支持 b 并形成合力。因此，湿地型组织主张，a 对 b 发挥赋权的作用，通过契约和各种关键要素的支持，让 b 的权力得以强化，以发展和巩固 b 的组织力。

a 想要实现对 b 的有效支持，同样需要组织力和权力驱动。因为有 b 的高效率，a 的效率自然得以协同加和，使得合作效率最大化，确保 a 组织运营的巨大收益，更加方便巩固 a 的权力，提升服务效率。

但是，在 a 与 b 之间，湿地型组织倡导去权力化，强调契约下以关键成功要素为纽带的生产关系，共同建立双方利益最大化的权力关系。其效应是，b 因为在做自己的事，便会有发自内心的主观能动性。如果 b 不想干，再多提升能力的方法也无法提高效率。因为湿地型生产关系的构建从认知上让 b 认为这目标是自己的，自己愿意干，则能力会因为实践而优化。

8. 高度契合人性的湿地型组织

人而为群，分工协作具有天然属性。有的人适合做领导，有的人则愿意做员工。对于组织而言，随着组织壮大，领导力持续下降的原因在于更多具有领导意愿的人得不到足够的权力和机会。

具有权力欲望的人更加容易被安排到管理岗位上。由于他的上级很多，众多上级领导的指令常常与其自身的领导意识发生冲突，导致其内心深处的冲突和对抗。受所处位置和利益的多重因素影响，这种冲突和对抗或许不会直接以暴力的方式显现，但可以通过消极、懈怠、抱怨、牢骚等形式释放，集中表现为主观能动性下降。

如何让更多具有领导意识的人获得其所期望的权力？湿地有足够的空间让头雁自由发挥壮大家族的能力。与此相似的是，湿地型组织就是通过帮助那些具有领导意愿且具备一定能力的人实现权力，并给予与权力相适应的利益预期通道，来充分激发、调动其主观能动性。

湿地因为众多物种而成生态。湿地型组织因为无限分蘖的微型组织 b 集群而实现业绩几何级倍增。对于组织而言，天下万物皆可为我所用。用湿地型组织原理，打破组织边界，无限整合，首先需要有湿地，即有平台化的 a。

任何管理方法的有效性都难以永恒。组织随着时间延伸或规模扩大，或多或少要面临组织流程冗余、管理僵化问题。众多企业受困于此而走向没落。相对而言，另外一小部分企业，如抖音、和君咨询等，通过改变企业传统的以权力为中心的官僚管理模式，在贴近用户的环节采用湿地组织哲学，创新组织模式，既能保证权力中枢的控制权，又能激发组织成员的主观能动性。

跳出以权力为中心的思维，通过灵活运用权力杠杆，寻求调动员工主观能动性的解决方案，提出“湿地型组织”，以期通过理论和方法的创新，最大限度地突破“悖论”。

三、湿地型组织原理

1. 通过帮助经理人成功而成就组织

从组织授权与成员主观能动性的“悖论”角度来看，a 和 b 都没有脱离“企业控制权”，各自以权力为中心，但是 a 和 b 之间，则通过共识加契约，努力淡化权力，以确保 b 的发展和巩固 b 的微观经营权。

a 通过企业控制权强化平台综合能力，致力于为 b 提供有竞争力的服务；而 b 通过对自己所创建组织的控制权，创造以指令型领导力为主的组织效应，实现微观经营目标。

从 A 的视角来看，b 是 a 的组织成员。但这种组织成员关系，不是通过 a 的企业控制权来实现的，而是通过 a 尽可能地淡化控制权，以 b 为导向，甚至将 b 作为服务的指挥中心，通过为 b 提供有竞争力的关键成功要素，吸引 b 加入和创建属于 b 的组织，共同构成 A 组织生态。对于 A 来说，实现了对“悖论”的突围，表现了有竞争优势的发展力。

让领袖去做领袖，帮助有领袖愿望的人成为真正的领袖。A=a+bn 湿地型组织模型中的 n，代表了众多或集群的意思。b 的要义在于，人是分不同类型的，让有领袖潜质的人成为 b，让更多领袖成为湿地型组织平台 a 上的事业集群、分蘖无限业绩增长点。

湿地型组织成功的关键在于以其中一类有奋斗精神、有经营能力、有组织领袖潜质的人为服务对象，将他们作为首要吸引和服务对象，通过帮助这些人成功，而实现对终极客户的服务，最终实现共同成功。

选择这类人是很难的，于是，湿地型组织的关键是让几乎所有人可以无门槛进入，所有进入者都有权利获得 a 提供的各种关键成功要素。但是，需要 b 自经营、自发展，甚至自淘汰，在奔跑中发现宝马良驹。

在各组织成员自治过程中，a 会借助评价标准发现有价值的 b，选择性地扶持 b，发展属于 b 的微型组织，从而形成组织集群。甚至鼓励有建树的 b 从规模或职能上超越 a，反向领导 a，成为细分领域中的新的迭代“A”。

随着 bn 集群的无限壮大，a 获得巨大成功。本质上是 a 通过湿地型组织理念和模式的选择，对“悖论”实现了超越传统组织的、以控制权为中心的新突围，带领众多 b，构建了伟大的组织生态 A。

2. 湿地型组织的个性

①湿地型组织与传统组织形态不同，强调的是 a 的组织行为，所对应的是 b 组织的需求，而不是终极客户或最基层员工。a 因为洞察、描述乃至具备了 b 创建事业所需的关键要素，具有对众多 b 的强大吸引力。

②湿地型组织的要点是打造对经营型人才、小老板们的平台吸引力，用机制和要素去支持微型组织经理人、小老板们创业。

③不求所有，但求所用。湿地型组织关系与传统单相组织关系不同，不仅淡化权力和从属关系，强调合约，更重要的是诚心诚意帮助创业者成功。

④湿地型组织与传统联盟组织不同，湿地型组织有一定的组织目标和行为边界。从表面上看，湿地型组织虽鼓励外部组织成员无差别进入，但实际上，湿地型组织的主导者通过遛马机制、赛马机制，于无声中对湿地型组织各成员进行筛选，支持优者更优，让平庸者自我淘汰。

⑤湿地型组织没有约定不变的主导者，任何湿地型组织成员，都有机会运用愿景、使命、发展逻辑和规则成为某个战略任务的主导者。

⑥湿地型组织与业务外包组织的最大区别在于，湿地型组织不单单倡导事业伙伴的自觉性、创造性、无限分蘖性，更加注重对事业伙伴的必要支持。一切因事业伙伴的需要而动。a 对 b 的支持，多数是义务，也可以根据价值和成本，双方进行利益约定。

⑦湿地型组织不同于混合型组织，其研究方向不止步于组织形态，而是给予组织自发展和升级迭代的具体路径及方法。

⑧湿地型组织不同于无边界组织，无边界组织力图取缔权力中枢。但是，湿地型组织在平台建设上主张强化中央集权，平台 a 与事业团队 b 之间，不在于授权，而在于通过某种顶层设计和服务工具，实现附属组织的自授权和主动链接，协同发展。

⑨湿地型组织同样践行以用户为中心原则，但不同于以往组织模式，湿地型组织下的平台组织 a 以创业型组织成员 b（经营型人才）为第一用户。a 追求 b 类客户满意度，优先于终极客户。

四、湿地型组织的显著特征

成熟的湿地型组织形态是 A=a+bn。由平台组织 a 和创业组织 b（n 个）两大部分组成。平台组织 a 采用传统组织形式，但其根本目标不在于向终极用户提供产品或服务，而在于为创业组织、微型组织 b 提供创造产品和服务的工具要素。

平台组织 a 的全部工作，就如创造湿地，通过提供一切外部生物所喜欢的环境、条件，从而吸引外部生物集聚，帮助前来发展的外部生物成功。大量外部生物集聚到湿地生养和创造，然后，才有湿地 a 实现成为湿地生态 A 的宏伟目标，创建生机勃勃的湿地型生态组织——A=a+bn。

湿地型组织基本特征包括以下几点。

①以“利他自利”为原则，通过建设平台 a 的“有为”做基础和前提，推行“无为”的组织治理。湿地型组织形式和功能千变万化，但根本上是为了追求基于文化共识的部落化自觉。

②湿地 a 基于自己的战略和赛道，针对某个特定群体 b 的共性发展需求，去定位外部组织成员 b，从而打破组织边界，无限整合。通过缔造服务型核心竞争力，吸引外部力量涌入，从而推动组织形成以传统组织 a 和隐形的外部组织 b（创业组织、微型组织）共同构成的无边界的湿地型组织。

③事业吸引力让价值经理、经营型人才主动加入，自发执行，自主经营，自我淘汰。

④ a 依然依靠权力驱动而塑造服务优势，其目的在于通过远离权力的方式激发和调动 b 的主观能动性。

⑤总部平台 a 塑造制式服务体系，使来自外部的组织成员 b 运用服务体系达成绩效；外部组织成员 b 在推动 a 的战略过程中，反馈需求，为 a 强化平台功能提供指引，增强平台竞争力。

⑥合乎人性且有竞争力的合作规则，确保 b 成为 a 整合无限外部资源的抓手集群。

⑦在部落竞争中总结和释放竞争方法，以促进部落能力在 b 身上持续升级迭代。

⑧一九力。总部每份力量的付出，必以调动外部“九倍”力量为导向，因为 b 是抓取外部资源的“耙子”。

⑨组织即哲学，组织即社会，组织即发展环境，组织即用户，组织即成功法则；对于每个 b 来说，a 都是为其量身定制的基础资源，取之不尽，用之不竭。

⑩基于文化使命的战略构想为先。a 用宏大的战略愿景和发展

逻辑吸引四面八方的创业者 b。

⑪采用利益吸引法则，尽量不使用权力；高度开放，准入门槛足够低。就如湿地里的水对鸟儿来说足够浅，可以轻松在 a 中获得足够的鱼儿。湿地不是大海，拒绝复杂和深奥。

⑫宏观上 a 控制，细节上 a 与 A 共同控制。

⑬快速响应能力。

⑭基于数字化和智能化，对特定目标群体无差别提供保姆式贴身服务。

⑮为创业者所面对的难题提供工具、策略。

⑯不遗余力地促进结构化资源联动。

⑰组织成员基于主观意愿而主动承担责任，因为主动承担责任而自觉提升能力等。

五、湿地型组织理论可能的贡献

当前，组织效率低下已经成为大企业的普遍问题。尤其是以资本、资源、资产为优势的大型企业集团，员工创新的主观能动性不强，不同业务和职能相互掣肘、扯皮推诿，让资源、资产、资本白白耗在那里，丧失机会。

如果理解湿地型组织的基本原理和方法，可以通过体制和机制的创新，让大型组织转变观念和职能，由过去对业务“一竿子插到底”，转向为特定人才集群提供服务，为众多有经营能力的人才提供服务；为经营型人才提供机会，帮助经营型人才成功，从而实现孵化企业家集群的效果；让原本低效的资源、资产、资金重新焕发活力。湿地型组织原理，是解决当前经济低效率问题值得选择的管理方法之一。

在信息化、数字化、智能化大背景下，科技发展给组织模式创新提出了新命题，传统的以权力为中心的驱动模式，已经不再适应未来社会的需求。湿地型组织概念的提出，让组织可以从设计之初就跳出以权力为中心的传统组织视角，力求避免因为传统组织模式的弊端而产生企业管理僵化问题，使组织能够以愿景、使命、价值观、发展逻辑、路径、工具等，帮助更多的组织或个人成功实现他们的目标，尊重他们的目标，给他们创新创业提供条件，更有可能激活个体、激活组织。

湿地型组织有望指导所有新组织和传统组织，深刻理解去授权化的组织原则，运用可行的方法论，以创建无边界组织、全面统战为指导，破茧成蝶，孵化无限，成长无限。这对企业和社会的组织形态与组织效率提升而言，有着重要的价值。

湿地型组织原理基于“利他自利”，通过帮助别人成功而成就自己的天然生命逻辑，有助于社会文化、文明的进步，可以成为解决一切组织，包括国际社会组织重大问题的指南针，有望减少导致冲突、对抗的潜在因素，共建人类命运共同体。

六、湿地型组织的价值

据工业和信息化部的消息，截至 2022 年末，我国中小微企业数量已经超过 5200 万户，比 2018 年末增长 51%。2022 年，平均每天新设企业 2.38 万户，是 2018 年的 1.3 倍。工业和信息化部已培育近 9000 家专精特新“小巨人”企业，带动地方培育 8 万余家省级专精特新中小企业。但是，另一组数据显示，我国中小型企业的平均寿命是 2.5 年，民营企业的平均寿命大约是 3.7 年。上述数据表明，中国人的创业精神高涨，中小微企业极具活力，但是中小微企业存活率很低。

相较于大型企业，中小微企业缺乏资金、资源、人脉关系，抗风险能力低。从创业者角度来说，几乎每个创业者都胸怀梦想，全力以赴。有梦想、有目标、全力以赴，表现纯粹的主观能动性，这对于大型企业来说，是难能可贵的管理状态，也是管理学界一直研究却难以企及的目标。

让中小微企业的创业者成为大企业的组织成员，保持其高主观能动性的创业态，是湿地型组织不同于其他组织模式的关键所在。

湿地型组织通过支持创业者成功、为其提供关键成功要素、弱化权力约束，给创业者充分的经营自由，同时帮助创业者构建其成功所需要的权力体系，由此整合创业者力量，形成大企业战略职能下的微型组织体系。所有微型组织体系形成集群，便成为高度敏捷、高度适应、有活力、灵活、能广泛抓取外部资源、有竞争力的组织。

湿地型组织致力于在最贴近目标的环节，打破组织边界。通过打造强大的事业平台吸引力，吸纳各种力量到湿地创建事业，以实现低成本、低管理、高主观能动性、高竞争力。

第五章

抖音快速崛起的湿地型组织原理

一、抖音项目简介

抖音虽具备公司特质，但实际上，它是北京字节跳动科技有限公司的一个项目。字节跳动成立于 2012 年 3 月，是一家信息科技公司，创始人是张一鸣。字节跳动以建设“全球创作与交流平台”为愿景，产品项目除抖音外，还包括今日头条、西瓜视频、头条百科、皮皮虾、懂车帝、悟空问答等。

截至 2021 年 12 月，字节跳动旗下产品以抖音项目为主导，覆盖全球超过 150 个国家和地区，支持超过 35 种语言，月活跃用户数高达 19 亿人。字节跳动的财报显示，其 2020 年的实际收入达 2366 亿元，同比增长 111%。相关金融机构分析指出，字节跳动如果上市，以其当时在中国乃至世界的互联网市场份额来看，市值应该超过扎克伯格 Meta 市值的 60%，字节跳动市值可能在 3.7 万亿 ~5 万亿元人民币。从创业到辉煌，字节跳动仅用了不到 10 年的时间。

二、抖音项目与湿地型组织理论

感谢字节跳动的抖音项目带给笔者湿地型组织理论的灵感！

2021 年新冠疫情期间，笔者回到了辽宁老家，住在朝阳县政府北侧、古老大凌河的湿地公园西岸，筹备工商管理博士研究生的入学事宜。每天早晨和晚上，笔者都会听着抖音短视频讲座，到湿地公园两侧的栈道上散步，享受着潮凉清爽的体感，看着三三两两的野鸭、天鹅、白鹭从湿地的花草灌木间飞了、降了，盘旋起舞；百鸟争鸣刚好和着抖音里讲师们的思想盛宴，在空旷的蓝天和寂寥的湿地之间，引人思考组织和管理的丝丝蔓蔓。那是一个仲夏的傍晚，刚刚下过雨，从湿地到远山，天空中架起了两道令人惊艳的彩虹，恰恰在这个时候，笔者听到一位讲师在总结字节跳动的辉煌历史，其讲述会跳出抖音项目碎片化的组织特征，让笔者不经意地联想到了“湿地”。

作为对组织始终保持重大关切的咨询师，针对字节跳动的巨大成功，笔者当时向自己问了 3 个问题。

第一，字节跳动成立不到 10 年，便在亚洲、美洲、欧洲等 30 多个国家设有办事处，全球正式员工数超过 11 万。是什么让字节跳动在组织快速膨胀中，保持了高效率？

第二，是怎样的模式安排，让字节跳动，尤其是抖音项目从客户数量到业绩爆炸式增长？

第三，字节跳动创立者张一鸣有怎样的魔力，让字节跳动短时间创造了奇迹？

最后，以上问题又回归于一点：这个世界上，组织成功有真经密码可循吗？

于是，在新冠疫情期间，以抖音项目为纽带，回顾历史，纵览中外管理著作，笔者开始寻觅卓越组织的成功密码。享受着湿地环境，回顾着抖音项目及字节跳动的发展史，查阅古今中外各种组织在历史上最成功片段的底层逻辑，雨后彩虹下有关“湿地”的直觉，在组织模式上日渐清晰，最终形成明确的定义，并锁定了一个结论：世界上最伟大的组织之一，是湿地型组织。

湿地型组织，是世界上最伟大的组织之一，也是组织的最高境界之一。

三、张一鸣的“湿地型组织”哲学

笔者在本书开头部分定义了湿地型组织的概念，以湿地型组织理论为标尺，去衡量张一鸣的组织哲学，发现两者高度契合。

1. 制造湿地吸引力，通过帮助别人成功而达成自己的目标

2012 年，字节跳动创业之初，张一鸣创建的项目叫今日头条，属于数字化媒体栏目。今日头条基于个性化推荐引擎技术，根据每个用户的兴趣、位置等多个维度进行个性化推荐，推荐内容不仅包括狭义上的新闻，还包括音乐、电影、游戏、购物等资讯。今日头条以数字化技术来理解用户，对用户进行分析，可以在短短的 10 秒钟内为个性化用户建设偏好模型，并通过不断修正用户偏好模型的方式，在资讯上对用户“投其所好”，有针对性地推荐内容。

传统的新闻媒体由编辑人工筛选和编辑自己感兴趣的信息，然后集中发布到平台上，用户只能被动地接受信息和分类。如果用户想找到自己需要的信息，甚至要翻遍整个平台。而今日头条则利用数字化工具，帮助用户精准推送其需要的信息。

相比竞争对手，用数字化工具“帮助用户成功”，更加顺应客户的底层欲望，2012 年，今日头条的初级版本一上线，便成为轰动事件，短短 90 天便积累了 1000 万用户。

今日头条项目是成功的，但相较于后来的抖音项目那种被人羡慕的成功，对于字节跳动和张一鸣来说，仅仅是大餐前的“小凉菜”。就是这个被张一鸣看成“小凉菜”的项目，体现了他对用户的哲学认知：用户需要成功，帮助用户成功。

“帮助他人成功，制造湿地吸引力，让各物种主动来湿地达成目标”，这种湿地型组织原理，是基于各物种的底层逻辑，其背后是人性。

人性的底层逻辑是欲望，领袖的底层逻辑是满足欲望。成功的路径有很多，可持续成功的逻辑只有一个：谁满足了对方的欲望，谁就能获得自己想要的。这是湿地生态成功的基本特征。今日头条项目虽然尚没有“湿地型组织”的概念，但是张一鸣显然洞悉了湿地型组织的底层逻辑，实现了字节跳动项目强大的吸引力。

“帮助别人成功，制造湿地吸引力”，是张一鸣在资本、用户乃至抖音项目中获得巨大成功的基本哲学，反复使用，一直有效。

2. 帮助资本成功，塑造项目吸引力

今日头条项目凭借“帮助用户成功”赢得客户数量和不凡的业绩，大大提升了字节跳动对资本的吸引力，各路资本开始如丹顶鹤般不远万里长途投奔，纷纷向张一鸣伸出橄榄枝。2013 年，字节跳动顺利地拿到了 1000 万美元的 B 轮融资，公司估值直线飙升。

张一鸣曾说：“ego（自我）的反义词是格局，务实和浪漫本质上就是要做到 ego 小，并且格局大，这样也才能有同理心、有想象力。”张一鸣哲学里的“小我”和“大我”的关系，正如湿地，以“小我”制造了对各物种的吸引力，吸引各物种前来湿地达成各自的目标，便放大构成了“大我”的湿地生态。

张一鸣对下属反复强调的是，“ego 和格局应该是一对反义词。凡是杰出的企业和人才，不但要做到格局大，还应做到 ego 小”，湿地型组织，在平台 a 和“孙悟空毫毛”般的创业者 b 之间，a 致力于远离权力，让每个加入者 b 都有足够大的空间去发挥自身潜力，演绎自身的发展故事。这不仅是胸怀，而且是哲学，自古以来卓越组织践行的是“湿地型组织”哲学，其共同之处便是“成人达己”。

张一鸣以产业成功提升了企业市值，用理想的企业市值进行最小股权成本的融资。其结果，将带领相应资本实现盈利和市值的再回报。这种“成人达己、达己成人”的循环，也是和君咨询王明夫提出的“产融互动”底层逻辑。

3. 用众多可能去孵化少量成功

在齐齐哈尔扎龙湿地自然保护区，每年有大量物种主动投入其怀抱，每个物种都有一个壮大家族的梦想，于是，可见丹顶鹤 b1 家族、b2 家族……bn 家族，还可见野鸭 b1 家族、b2 家族……bn 家族等。相对于数量庞大的物种和家族梦想，只有少数比例的家族得以兴盛。即便是这些少数比例的家族兴盛，也足以支持扎龙湿地 a 到生态 A 的独特魅力。

和一般创业者对自己的产品或服务进行精准且唯一的聚焦定位不同，在产品和项目上，张一鸣的创业逻辑是“地毯式孵化”。

所谓地毯式孵化，就是不放过任何一个成功的可能性，多头发力，择优赋能，让众多产品或项目走起来看。早在今日头条项目时期，针对用户的产品设计，张一鸣采用的就是广撒网模式。先让第一个 App“搞笑囧图”走起来。“搞笑囧图”还没站稳，紧随其后的“内涵段子”“美图精选”等一大批产品便涌向客户。因为不确定哪个产品能取得最好的效果，2012 年上半年，今日头条一连做出 10 多款不同方向、不同功能的产品，紧接着马不停蹄地投入市场进行测试。在众多项目奔跑过程中，企业会逐渐选出一个最盈利的模式。于是企业便集中优势兵力，去把这个模式发扬光大，而跑在后面的，则自生自灭。

不仅是今日头条具体项目内部的发展路径采用地毯式、广撒网和赛马机制，在重大项目选择上，张一鸣同样采用这样的逻辑和方法。

2018 年，张一鸣看到了今日头条用户群体的局限性。面对“天下”，为了赢得今日头条用户之外的群体，字节跳动开始若干尝试，开发了西瓜视频、头条百科、皮皮虾、懂车帝、悟空问答等，也包括抖音。

同样的哲学和路径方法，地毯式、广撒网和赛马机制，与其说抖音的成功是设计出来的，不如说是张一鸣的赛马机制中的偶得天成。张一鸣面向全球寻找可借鉴的模块，比如，今日头条、西瓜视频对标的是当时短视频领域做得最好的 YouTube；火山小视频对标当时火得一塌糊涂的快手；抖音则对标美国的 Musical.ly。基于对标，先做出来，让这些仿制品在市场上先走两步，并观察其市场反馈。对于市场效应领先的项目，张一鸣再投入资源进行创新式开发，让其更具用户吸引力。

4. 打破组织边界，无限吸附

2012 年正式创业之前，张一鸣便开始了类似抖音项目的探索。等到 2016 年抖音上线时，类似抖音的视频行业已经经历了 3 个阶段。

第一个阶段可以上溯到 2004 年以前的电视视频时代，以传统的电视为载体。

第二阶段是 2005—2011 年，以“电脑 + 互联网”为载体，移动化在线视频起步。

第三个阶段自 2012 年起步，在抖音上线之前，以手机为载体的移动短视频时代已经起航；到 2015 年，短视频开始向移动化、社交化发展，开启了移动短视频时代。

2016 年抖音上线之前，快手、秒拍、微视、美拍、小咖秀等短视频平台和服务早已进入大众视野，它们纷纷优化产品性能，激烈地争夺短视频战场的高地。

2016 年抖音进入市场，没有先发优势，市场竞争激烈，狼多肉少，资本实力不强，用户亲近短视频的习惯需要培养。

想要后来者居上，抖音项目该怎么玩儿？

第一，将播主在服务上定义为第一用户，在职能上定义为团队成员。

和众多视频发布平台集中火力对终极用户“拉粉”不同，抖音在服务上将短视频播主（b）定义为第一用户，而在组织职能上推动播主自觉完成获得终极用户的责任。为了赢得更多的播主类组织成员，抖音降低门槛，打破组织边界，泥沙俱下，裹挟前行，借助海量播主，迅速成为对终极用户具有强大黏性的短视频平台。

第二，为短视频播主提供关键成功要素。

在具体操作上，抖音平台创建对众多 b 中潜力创业者的促进机制，共同铸就市场上抖音生态强大竞争优势。想做短视频播主的创业者是海量的，但是，短视频制作涉及拍摄、配音、剪辑、上传、修改以及电商带货等环节，每个环节的技术问题让大量的“小白”望而生畏。因此，抖音平台推出各种工具和培训，如剪辑方面，推出了用手机便可以自主编辑的小软件，让过去需要一个团队共同完成的剪辑、配音、加字幕等烦琐工作变得十分简便。在抖音平台的支持下，仅播主一个人用不到半小时便可完成长度为 5 分钟的视频的编辑。短剧作者还可以直接进入抖音提供的创作者后台，使用“短剧专辑”功能，一键完成短剧专辑建立、视频发布、即时查看等，这种便捷的体系化管理，让短剧创作者坚定选择抖音平台而非其他平台。

第三，鼓励播主优化视频质量。

比如，在视频长度权限设置上，不同的粉丝量有不同的视频长度上限，随着粉丝量增多，可以发布的视频长度也有相应的增长，这鼓励了播主在自己的视频质量上下功夫，以增加粉丝量，从而增加视频长度，形成良性循环。

第四，如湿地允许各物种自由入住。

如电商直播权限的设置，其最低门槛是“实名认证 + 上传 10 个视频”（本书写作时抖音的规则），这样就可以申请电商橱窗，即获得最基础的线上电商功能。在商品橱窗里，15 天内发布 2 条以上包含商品的视频，就可以获得视频电商权限。而当粉丝超过 3000 个且开通了视频电商权限时，可以升级到直播电商权限，便可以在直播中赚钱了。

与其他平台设置较高的门槛，对终极用户有明确定位不同，抖音平台的低门槛吸引到了海量播主；而对优质视频的鼓励机制，则推动播主自觉优化短视频质量，提升对终极用户的吸引力。

第五，机会平等，区别对待，公平竞争。

就如齐齐哈尔扎龙湿地一样，对于所有物种来说，进入的机会是平等的；不看背景看内容，看对终极用户的吸引力。抖音以“内容为王”为导向，所给予的支持不会因为播主背景而有差异。即便是明星人物入驻，如果没有发布有吸引力的视频，也不能得到特别支持。抖音给予每个想发展的个体以机会，并通过规则设计，对短视频内容创新有相应保护。

5. 全力支持优秀播主取得更大成功

根据终极用户的收视数据选择强者、优秀者，推动优者更优，让强者更强，从而实现湿地组织原理中 A=a+bn 的湿地生态效应。抖音平台 a 通过帮助众多的 b 成功，集聚成抖音平台 a 的巨大成功，共同实现短视频领域的抖音生态优势。

相较于其他视频平台，对于播主来说，抖音非常好上手，甚至文化水平不高者也可以打开就用，非常方便。于是，便有了海量的播主群体做分母，诞生了低比例但高绝对值数量的优秀播主。抖音平台以 a 的角色，针对优秀的播主 b，给予一系列帮扶。通过让播主 b 在终极用户中建立品牌影响力，实现平台 a 的战略目标。在帮助优秀播主更加成功方面，抖音的做法如下。

第一，开展流量扶持计划。

对于有潜力而暂时缺乏资金的播主或商家，抖音会在流量方面进行优惠扶持。例如，抖音推出了“10亿流量扶持计划”，为商家b提供10亿直播流量扶持，并开辟小店入驻绿色通道，助力商家通过线上方式提高销售业绩。

第二，针对性地推出特别支持计划。

比如，面向专业而广大的MCN机构和专业影视制作公司，推出了短剧“千万爆款剧乐部”计划，以“投产保底+300%收益现金分账+流量激励”方式，对短剧创作者进行激励和扶持。这种激励政策不是无门槛的，而是帮扶优秀者，让他们更成功。

第三，采用定向推广系统。

抖音平台借助云计算系统，为创业者、商户、播主b，提供用户个性筛选和精准匹配服务，从而精准地将特定视频推送给有相应特定兴趣的终极用户，给创业者b带来价值流量。现在看来，这种做法已经很常见，但抖音平台走在了竞争对手的前面。这对播主和商家b的成功发挥了重要作用。

第四，建立优秀内容推荐机制。

抖音平台a会通过数字化算法与人工评价相结合的方式确定对优秀视频的辅助力度。其推荐机制的主要内容是评价标准，包括点赞数、转发数、评论数、内容质量等。当一个视频的评论达到一定数量时，抖音智能系统就会自动为其给配1000人次，甚至1万等更多人次的流量。如果该内容再次被验证不错，就会再给配10万人次，甚至100万人次、1000万人次的流量，乃至更多。

第五，发起和开办各种挑战赛。

除了抖音团队进行人工推送外，抖音还会帮助用户创造一系列品牌传播会。例如，王老吉官方账号在抖音做了两次挑战赛活动，第一次活动“开启美好吉祥年”的视频播放次数高达62.9亿次。这种传播的收费很低，王老吉只花费了 400 多万元，相较于电视广告动辄数千万元、数亿元的投入，其用低成本带来了相似甚至更多的潜在用户。

6. 广泛整合，为播主 b 引流造势

抖音不是简单地鼓励用户去发视频，而是扛起文化大旗，广泛造势，增加“湿地吸引力”，为前来创业的商家、播主、创业者 b 提供关键成功要素。

第一，开办线上文化活动。

抖音在前期冷启动阶段，十分重视流行文化，并从中挖掘年轻人感兴趣的热点，包括“像素墨镜”和“大金链”的经典元素。比如，“摘下星星给你，摘下月亮给你”活动；还主动取悦年轻人，赞助热门综艺加流量明星代言等，仅 2017 年，就赞助了《中国有嘻哈》《高能少年团》等多档节目。这些文化活动，提升了抖音的社会认知度，为商家和播主 b 的流量提供了有效的驱动力。

第二，兼并重组，广泛合作，链接强势平台，借势而上。

2017 年，字节跳动收购北美音乐短视频社交平台 musical.ly，与抖音合并。

2018 年 5 月，国资委新闻中心正式入驻抖音，开设账号“国资小新”，并发布第一支视频，时任国资委新闻中心主任毛一翔亲自出镜“严肃卖萌”。

2018 年 6 月，国资委新闻中心携中央企业媒体联盟与抖音签署战略合作，首批 25 家央企集体入驻抖音，包括中国核电、航天科工、航空工业等。昔日人们印象中“高冷”的央企加入抖音，对全民形成一波强吸引。

2019 年，抖音成为该年中央广播电视总台春节联欢晚会的独家社交媒体传播平台。

2020 年 10 月，抖音发布国庆、中秋假期数据报告。苏州、东莞相关旅游视频点赞量分别达到 2761 万和 1784 万，播放量分别突破 10 亿和 6 亿。

2022 年，中国唱片集团与抖音达成音乐版权合作，抖音推出 PC 客户端，抖音搜索与苹果 Siri 达成合作，与中国足球超级联赛达成合作。

…………

抖音平台的一路合纵连横般的品牌“折腾”，助力其成为活跃用户最多的短视频平台。QuestMobile 2018 年 10 月的数据显示，那时抖音的活跃用户占比已经高达 67%，居短视频平台首位。在世界的另一头，2022 年 3 月全球热门移动应用下载 Top10 排名中，抖音海外版 TikTok & 抖音排名第一。

四、打造湿地属性，打造卓越吸引力

对生产要素的塑造追求极致，全力打造平台吸引力，是张一鸣对抖音平台的基本要求。

无论是今日头条，还是抖音，张一鸣都夜以继日地打磨产品功能，针对小细节反复斟酌、修改，最终完成一整套智能系统，做到同类产品里的最优，表现为平台对 b 的强大吸引力。

1. 洞见需求趋势，以 b 的关键需求为导向建设“湿地”平台

在抖音项目被提出之前，张一鸣发现，随着社会经济的飞速发展，人们对“高大上”精神生活的追求越来越高。而随着竞争带来的压力持续增大，人们，尤其是年轻人迫切地想要寻找发泄的出口。另有许多人在工作和生活中，都希望有机会满足自己的表现欲。在此背景下，巧遇消费升级和手机硬件新突破，高清的视频和音频不

再局限于高端手机，众多中低端手机的硬件性能也很快得到优化，视频和音频质量几乎在所有移动终端上都可以得到保证。于是，张一鸣悄悄地将目光转向了短视频领域。

当时，短视频公司已经多如牛毛，其中绝大多数发展得并不如意，甚至，很多行业人士认为短视频平台的创业黄金期已经远去。但是，张一鸣有自己的洞见，他认为，视频产业内容市场需求潜力巨大，问题是创作与分发不匹配，信息过滤的权力远离终极用户。其本质原因在于创作主体单一。

如果能做到创作主体去中心化，帮助每个人实现自媒体梦想，想办法让创建自媒体的门槛大大降低，将实现媒体和终极用户的良性互动与融合，短视频的生产力必将大大释放。

重新定义角色，让平台、媒体、终极用户做好分工，发挥各自的长处，将从供给侧和需求侧两个方面同时释放活力。

如何让每个人都能成为媒体内容创作者？这个问题赋予了抖音平台关键职能。帮助每个有媒体梦想的人成功，帮助每个想通过自媒体创业的人成功，成为抖音平台建设的真正导师。

和其他平台针对终极用户打磨平台功能不同，张一鸣创建的抖音项目，首要的服务目标是满足商家、短视频播主和创业者的关键需求。

2. 以 b 为中心，塑造抖音平台的吸引力

第一，支持“小白”进行全流程创作的后台工具系统。

正如前文所述，有创作短视频欲望的“小白”，进入抖音后台，可以自主制作属于自己的小视频；类似地，围绕商业需求，抖音平台用最简约的流程，为开店和直播带货做好了准备。

第二，轻松发布视频，增加 b 的影响力。

抖音不仅产生了一系列网红，助力了这些人的成功，还助力众

多的企业扩大了品牌影响力。

第三，建立带货平台，方便直播带货。

用户 b 可以直接在抖音上建立直播店铺。直播的时候，消费者产生购买欲望，直接点击购买链接就可以下单，非常方便。

第四，利用抖音平台引流转化。

许多实体店、服务类公司近年来面临引流困难的问题，开发客户困难，急需优秀的引流工具。抖音平台 a 专门为 b 类用户搭建了这一功能。比如，某个讲师在线下是难以获得巨大的曝光的，现在可以通过在抖音发布一些讲课的片段，吸引用户关注，同时在视频里宣传线下课程，这样就达到了引流目的，助力了线下产业的发展。又如，众多的餐饮企业也可以通过这种方式实现引流。

3. 着眼未来，培养抖音达人

抖音平台建立“达人”培养机制，一是打造了 Dou+、分账、剧星 3 条赛道，其中多次提到了“不设限”，这也让短剧从“低门槛”走向了“无门槛”。二是降低招募门槛，在 2021 年 4 月，抖音开启短剧“新番计划”，MCN 机构或个人作者在抖音首发带有连续剧情的1~5分钟作品，每周更新不少于4集，在60天内更新完整部作品，即可解锁亿级流量扶持和百万现金奖励。抖音平台还帮助抖音达人与影视公司、头部达人合作制作精品短剧，并联合番茄等机构进行头部 IP 共创，依托平台资源优势共同构筑抖音短剧生态。

4. 积极承担社会责任

除了吸纳和带动就业外，抖音作为就业服务平台，还为大学生等群体提供就业帮助。抖音是人社部网络招聘活动合作单位。抖音对接众多世界 500 强企业及多所高校，开展了若干场“校招”直播活动。

五、独特的平台保障系统

1. 以权力强化契约

和主张去中心化的组织理论不同，湿地型组织强调 a 的组织核心及规则主导力，同时强调 b 的权力中心和头人感召效率。抖音平台之所以健康发展，与其规范、合规、守法分不开，这种合规性管理，不仅针对抖音平台内部，而且同样以规则的方式，对商家 b 形成了共同的约束。但在经营上，平台对商家 b 则极力去权力化，通过规则和契约进行合作。

2. 不是命令，而是主张员工抢活干

从人员招聘开始，张一鸣特别关注人才的实战性。实战能力，是他更关注的“基本面”，而对于应聘者的毕业学校、相关经历、头衔等却不那么重视。

对于内部人才的使用，他也契合“湿地型组织的理念”，即激励员工的主人翁精神。他反对诉诸权力的直接压制，而是倡导“人应该抢活干”的理念。张一鸣认为，优秀人才不会只将自己的角色定位成“执行者”，只做上司告诉他们要做的事，而是积极地做“需要做的事”。对于身边的员工，他也乐于提供帮助，支持他们成功。在榜样的带动下，字节跳动内部形成了一种互帮互助的氛围，每个人都把自己当主人翁看待。

3. 关注员工的“投资回报率”

抖音始终重视员工的关键需求，帮助员工达成甚至超越其所期望的目标。张一鸣认为，人才机制主要包括 3 个要点：回报、成长、激情。回报包含短期回报、长期回报；成长，即员工必须能在公司

得到成长；激情，即员工在这家公司精神生活很丰富，干起事来觉得有趣。张一鸣通过构建好的配置，配置好的生产要素，让公司有最高的投资回报率（ROI），并且给每个人提供好的ROI，留住员工。通过为员工提供有竞争力的ROI，让员工很难放弃字节跳动，并对潜在员工形成吸引力。

4. 以用户为中心，让权力变得灵动

张一鸣倡导战略权力集中，在战术层面集体决策。他曾说，CEO是整个战略计划的总设计师，他拍板决定所有策略，并将流程的控制权牢牢掌握在手里，即CEO提出战略计划，逐层分解之后执行。这一过程中若出现意外情况，再逐层往上汇报，直至传达给CEO。由CEO汇总信息，定出新的工作任务。

在战略解码和任务落实上，他更倾向于让更多的人参与决策，尤其是具体执行者，因为他们更加贴近用户。抛开那种“自上而下”的战略分解模式，以贴近用户的群体为重心，让更多的想法、意见“自下而上”地涌现出来。员工无须机械地根据指令执行任务，而是亲身参与决策。在战略和执行之间，他强调要淡化权力，激发每个人的潜力。

5. 理解制度的局限性

张一鸣认为，制度永远只是辅助。为了提高管理效率，便异想天开地将制度定得详细具体、“无微不至”，可能会起到反效果。从制定规则的部门角度来讲，其出发点往往不是效率，而是少出问题，因此，会不自觉地主张让流程和规则越细越好，但这会导致减少很多最优解的可能，让组织失去效率。因为组织所面对的情况可能是弹性的、灵活的。如果有很多限制，员工就会不想去找最优解。尤其是当行业出现重大变化、公司不能靠惯性前进的时候，复杂的规

则流程制度将会是特别大的问题。

6. 活用文化软实力

张一鸣认为，依赖制度去约束人，不妨先建立健康、高效、自由的企业文化，如此才能凝聚人心。这种情况下，制度越灵活、简单越好。这正符合“大道至简”的道理。企业文化做得不好，员工缺乏凝聚力，管理者才需要制定复杂的条条框框去规范员工行为。然而，制度制定得越细，员工越容易“犯规”。最后，甚至演变成了一种“为建制度而建制度”的畸形模式，员工的工作积极性自然每况愈下。

重视文化的落脚点是员工的主观能动性。字节跳动的工作强度虽然不小，很多员工却甘之如饴。原因在于字节跳动的文化氛围和工作氛围很是自由、宽泛。有员工表示，有一次，他早上 9 点多吃完早饭来到公司，公司里大部分员工还未上岗，基本上早上 10 点半左右才陆陆续续到齐。甚至很多员工带抱枕去公司，吃完午饭都会抱着抱枕趴着睡会儿。而纪律如此“散漫”，却依然有杰出的组织业绩，其本质是员工将工作当成自己的事，不在形式而是本质。在管理流程上，字节跳动各部门经常会砍去很多不必要的规则和审批。张一鸣说：我们希望规则非常简单，不允许有长达几页纸、非常难执行的规定。字节跳动的软文化激发了全员主观能动性，为湿地型组织所追求的组织成员主观能动性提供了研究标杆。

六、抖音平台 a 下的 b 案例：× 公子

借助抖音成功的播主、商家和创业者堪称海量，× 公子是其中之一。

在浏览抖音视频过程中，人们偶尔会看到一位短发齐耳、庄重

典雅的东方美女，在古朴略带幽暗的调光灯下，灰色的水泥墙背景前，身着绿衣，手扶抱枕，席地而坐，娓娓道来，面向镜头讲述的是苏东坡、竹林七贤等历史人物，融文学、艺术、哲学于故事，深入浅出，情景交融，感人至深，她就是 × 公子，形象温婉，气场宏大，令人印象深刻，成为抖音知名播主。

从 2020 年 10 月 1 日在抖音发布第一个视频到 2023 年 3 月，× 公子累计在抖音发布了 333 个作品，拥有 3000 多万次点赞，740 多万粉丝，全网粉丝量超过 2500 万，成为 2022 年最火的短视频创作者之一。× 公子不仅带货自己的书籍，还推荐众多她讲述的故事的相关书籍。她曾经通过在抖音介绍梵高，将用户吸引到自己的微信公众号，将重达 6 斤、全球库存积压 3 年的梵高英文画册，在 23 小时内悉数售空，资本界给出的商业估值达数亿元，其创办的文化公司成功获得多轮投资。

1. 持续深耕自媒体的成功艺人

× 公子早年曾在厦门卫视、厦门旅游广播当过主持人，主持过体育新闻、社会新闻、校园新闻、音乐榜单及闽南话等栏目。2013 年 6 月，其创办大众艺术科普品牌“意外艺术”。× 公子创办的“意外艺术”通过运营微信公众订阅号、艺术脱口秀视频及音频等产品，很快超越同行成长为国内最大的互联网艺术社群之一。

2014 年，意外艺术出品了国内第一档艺术脱口秀《艺术很难吗》，在这之前还没有人用这么接地气的方式讲解艺术。× 公子作为该节目主讲人将晦涩难懂的艺术用轻松接地气的方式讲解出来，每期时长不超过 10 分钟，主题多围绕中西方艺术领域，除此之外节目也会邀请很有分量的大家，如第一季便采访了著名作家刘墉、美学大师蒋勋，第二季有日本著名设计大师原研哉、著名导演顾长卫以及热爱收藏艺术品的“尔康”周杰。《艺术很难吗》就是这样一个有趣、有深度的节目，前两季仅28期的全网播放量就超过1亿人次，均集播放量也在300万~400万人次。第一期节目播出后，3天内×公子微信涨粉5万。随着节目的热播，《艺术很难吗》系列和优酷视频、腾讯视频、搜狐视频、乐视视频、哔哩哔哩、YouTube等视频平台深入合作，每期都被推荐为优质节目登上视频首页。

2. 入驻抖音迎来高光时刻

2021年，×公子的抖音账号下，光是"×公子讲中国艺术"栏目就有足足4亿阅读量；与中国文物交流中心在抖音上联合推出的"国宝很有戏"栏目，仅14天话题曝光就高达5.6亿次，随后又如火如荼地推出了第二季。通过优质的内容和稳定的产出，×公子吸引了一大批短视频端的用户，再通过成熟的社群运营模式巩固并培养自己忠实粉丝，由读客文化与×公子推出的新书《大话中国艺术史》一炮而红，上市仅48小时，首印5万册直接售空，登顶各大新书榜，出版社连夜加印3次，仍遭遇断货危机。

入驻抖音之前，×公子的"意外艺术"是成功的。但是，让×公子从优酷视频、腾讯视频、搜狐视频、乐视视频、哔哩哔哩、YouTube等短视频平台的成功状态腾空而起，飞到令人惊叹的新高度，不能否认抖音平台对×公子商业加持的功力效应。

支持优秀者是抖音平台的经营理念；携手更强平台，赢得更大助力，是×公子一直致力的发展路径。两者合体，创造出短视频商业的新经典。

3. 抖音平台提供关键成功要素，×公子自经营、自发展

抖音平台理解×公子以及众多创业者的关键需求，为他们提供关键成功要素，包括后台提供的基础制作工具、商业平台服务、直播带货服务，以及通过各种手段，强化流量。而×公子等创业者、

商家和播主，则以抖音平台的约定为前提，自主经营，自由发展。

× 公子认为，做短视频，她一开始注重“术”，就是视频的技巧、装帧等。不过，很快她就开始注重视频的“魂”，致力于打造每个视频的内容价值观和内容特质。× 公子以价值观的塑造、思想深刻、语言浅显易懂为原则，打造出强大吸引力。这种经营思路不是抖音平台要求的，而是 × 公子自己的创见，她的创新细节是抖音平台所不能做到的。这种独特的创见和内容表现，让 × 公子在众多播主中卓尔不群。

抖音平台创造湿地型吸引力，让 × 公子自觉、自发地前来平台发展事业；× 公子则利用抖音平台的便利，以极强的主观能动性，塑造产品，对终极用户产生吸引力，共同构成了抖音生态强大竞争优势。抖音平台 a 不是通过权力驱动，让 × 公子 b 去达成粉丝流量和商业目标的，而是通过平台吸引力和契约，共同实现双方的目标。

4. 抖音给予优秀的创作者以倾斜性支持

因为 × 公子的优秀表现，抖音在 × 公子的发展中，更是提供了一定的支持和引导。其中，有代表性的是“抖音创作者大会”。

抖音创作者大会是专门为抖音平台最杰出的创作者提供的展示平台，让杰出创作者 b 分享先进的做法，更是通过造势，提升这些优秀创作者的影响力，吸引更多的粉丝。× 公子通过参加抖音创作者大会，名气进一步提升。

同时，抖音创作者大会也会提供运营创新，启发创作者进行新突破。例如，2022 年的抖音创作者大会，就推出了共创功能。所谓共创，就是让两个或两个以上的创作者一起投稿，并且视频投稿后会展现在所有相关创作者的个人主页上，这样单个创作者的视频不仅可以被自己的粉丝看到，共创者的粉丝也能看到。× 公子的“龙门石窟系列”视频，就是她和龙门石窟研究院共创的。

又如，凭借《美丽中国》火遍全抖音的 × 雨，用“互联网脚替”的身份，通过亲自走访拍摄的形式，带观众看遍祖国的名山大川、人文胜迹，弘扬中国文化。他能爆火也是起源于抖音创作者大会推出的共创模式。和 × 公子早就是一名自媒体成功者不同，× 雨当时只是一个默默无闻的视频发布者，就是因为在抖音平台获得了和《美丽中国》原唱合唱的机会，借助知名歌手的名气，提高了知名度，大幅增加了自己的粉丝量，获得了组建和壮大 × 雨团队的意外能量。

抖音的共创活动看似小小的举动，但背后是抖音明确的战略构想。在抖音看来，共享这种创作形式的推出是对好的内容和好的创意的升级的推动，从而让创作者越来越多，在各位创作者的共同努力下，内容、创意可以更好地结合。擅长内容的与擅长装帧的合作，擅长思想的与擅长表现的合作，让微观创业组织 b 之间形成一种协同关系，通过帮助众多 b 成功，而实现抖音平台 a 的成功。

这种相互成就的湿地型组织，其相互作用的原理和结构与宇宙运行规则也很相似。宇宙只提供了最基本的框架，即时间和空间。而在宇宙中的万物可以根据自己的需要，在时间、空间二者的基础上千变万化演绎自身，这样，宇宙便有了生机与活力，并且由于没有边界，还在不断膨胀。

抖音平台 a 和微观创业者组织 b 的关系，类似宇宙规则：a 只提供最基本的框架，如视频发布规则、直播规则、带货规则、粉丝互动规则、图像显示规则等，而其余部分都由具体的微观创业者组织 b 自己去创造和发展。不同在于，宇宙没有给存在于其中的万物以任何引导，而与湿地型组织理论相契合的抖音平台，是通过引导加支持，让彼此更加强大。

七、总结

字节跳动用短短10年时间，便一骑绝尘成为强大的企业集团。从管理学的角度分析，是其组织行为的胜利。这种组织行为不同于传统组织，通过湿地型组织方式，激活了各方力量，为组织升级提供了新路径。

1. 分析

字节跳动的营业收入、利润和市值，是以抖音平台为主和用户共同创造的。抖音平台的用户，本来是与抖音素不相识的个体，受抖音平台提供的利益吸引，主动运用抖音平台提供的要素便利，建立和放大自己的微组织，用户微组织与抖音平台之间在事业发展逻辑和路径上建立高度协同，以卓越的内容和电商，实现了共创共享。

从绩效的视角来看，字节跳动的企业组织既包括传统意义上的字节跳动本身，也包括超越传统意义上的外部用户、创业者、播客。字节跳动与外部用户、创业者的关系，以愿景、使命、价值观、事业发展逻辑和路径以及相关规则，实现了非权力型的部落化，即字节跳动及抖音平台a不是通过行政命令，而是通过一套事业发展逻辑和便利要素，吸引相关用户b成为达成组织业绩的重要工具和不可或缺的组成部分。

这种非权力型部落的形成，是通过抖音平台的愿景、使命、价值观、事业逻辑和路径，将用户和抖音平台提供的要素便利形成了强大的、对用户创办事业有价值的结构，而这种结构，又能很好地在抖音、抖音的事业用户与一般用户之间形成流量共振和事业共振效应。简单来说，字节跳动以某种构想（愿景、使命、价值观、事业逻辑和路径、结构）和必要的要素便利，驱动并帮助了大量创业型用户 b 取得事业成功，反向推动，达成字节跳动的绩效和市值目标。

从产业集群和供应链的角度来看，字节跳动发挥了龙头引领和驱动作用。驱动作用的原点是对事业用户集群需求的洞察。一方面，龙头公司 a 观察和洞见潜在事业用户 b 的共同需求；另一方面，事业用户 b 通过对龙头公司 a 的观察洞见到值得投入的事业路径。龙头公司 a 和事业用户 b，相互观察而洞见到机会路径，从而，逐步形成了类似字节跳动的微观创业者组织 b——事业用户组织集群 bn。

本书将传统意义上的组织称为“单相组织”，是显性组织部分。与单相组织不同，类似字节跳动这种，在单相组织的海平面下，还有大量的为共同目标而努力工作的微观创业者组织集群。这些创业者集群化的组织 b，对于显性的正相组织 a 而言在事业上是合体的；在表现上犹如大海里的冰山，裸露在海面上的是正相组织，而隐形的、潜在海平面下的称为“微观创业者组织 b 集群”。微观创业者组织 b 集群与正相组织 a 一起，共同构建了字节跳动部落，本书称为“湿地型组织”。字节跳动的组织目标是湿地型组织共同完成的，而不是字节跳动单相组织独立完成的。

2. 意义

湿地型组织概念的提出，是建立在现代成功组织中一类特定组织形态现象上的概念提炼。湿地型组织理论强调组织重视事业构想，主张组织将着力点放在整合价值经理人和支持价值经理人成功方面，其纽带和工具是愿景、使命、价值观、事业发展逻辑和路径，以及结构、工具要素便利等。通过对用户或者外部资源独特需求的深度洞察，创新组织构想，并提供对外部资源和个体事业发展有巨大支撑的工具要素，让外部资源认知到，这个平台值得使用与协同，从而全力以赴加入龙头组织 a 的预定赛道，在发展道路上，各自推动其战略目标的达成。

湿地型组织以共同梦想和预期利益为纽带，而非权力。数字化、智能化的大背景给工具要素和组织战略构想提供了无限想象空间，而新冠疫情推动的远程办公、电商等，让人们更倾向于追求自由和独立。湿地型组织不仅能解决组织执行力和共识的难题，也能解决低效率的“大企业病”。由于湿地型组织以构想为启航，给予各方面的资源和能力以最大的想象空间和自由，更方便聚合经理型（价值经理）人才走上创业道路，或者担当某一方面的社会任务。

因此，湿地型组织对企业激活个体、激活组织具有普遍适用性，对政府等组织提升某项目或事项的效率也有借鉴意义。而湿地型组织理论，将有希望成为再造中国效率的新思想、新模式、新动能。

第六章

和君咨询快速崛起的湿地型组织原理

一个组织能够达到理想发展状态的原因有很多，要说最关键的，一定离不开组织模式的先进性。如何评价组织模式的先进性？可以通过3个维度去观察：第一，看其是否符合人性，对组织成员具有强大吸引力，可充分保障组织成员的主观能动性；第二，看其对战略的整合力；第三，看其对组织风控的时效性。

组织模式不是简单的结构化形式，而应该如湿地属性，是组织哲学、理念和原理的表现形式。湿地对众多物种具有强大吸引力；基于湿地生态战略形成了强大的互生、共生整合力；湿地善于以水为介导，通过无限渗透、蔓延，确保湿地的健康生态，让风险始终可控，从而实现湿地的基业长青。

因此，湿地型组织理论不是一种固化的A=a+bn的组织模式，而应该是一种组织模式哲学、理念和原理。和君咨询进行组织模式设计时，是没有湿地型组织概念的，其组织模式也不是纯粹的A=a+bn组织模式。但是，现在回顾和君咨询的光辉历程，可以感受其浓郁的湿地型组织理念和文化，其非同寻常的企业成就，体现了先进组织模式及文化的巨大商业价值和社会价值。

一、和君咨询简介

和君咨询早期全称为北京和君咨询有限公司，由王明夫先生于2000年春在北京成立，先后在北京、上海、深圳成立总部，在赣南森林深处建立和君小镇，是中国本土规模最大的综合性咨询公司之一。截至2022年末，和君咨询已经拥有各级合伙人近300人，管理咨询师与投资银行家队伍超过1000人，累计服务数千家企业、政府、事业单位等客户，累计咨询案例超过8000个。

和君咨询以“管理咨询＋投资银行＋商学教育”而闻名，其基本业务结构“咨询＋资本＋商学”让和君咨询内部自成生态。三大业务形成“一体两翼”的格局：以咨询业务为主体、以资本业务和商学业务为两翼，通过“咨询＋资本＋商学”的综合服务实现客户价值倍增（如图6–1所示）。

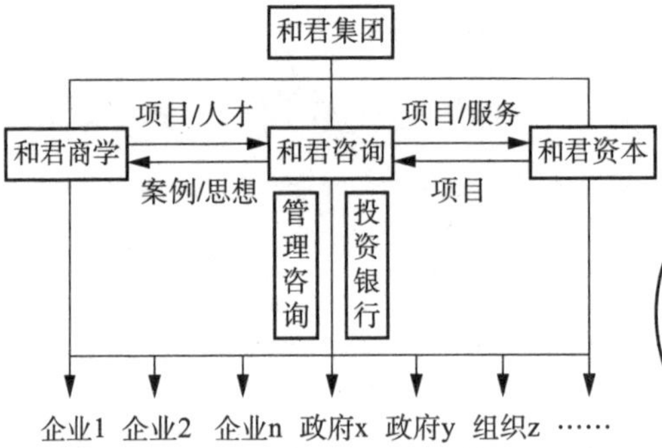

（a）“一体两翼”商业模式荣获《21世纪商业评论》颁发的中国最佳商业模式奖

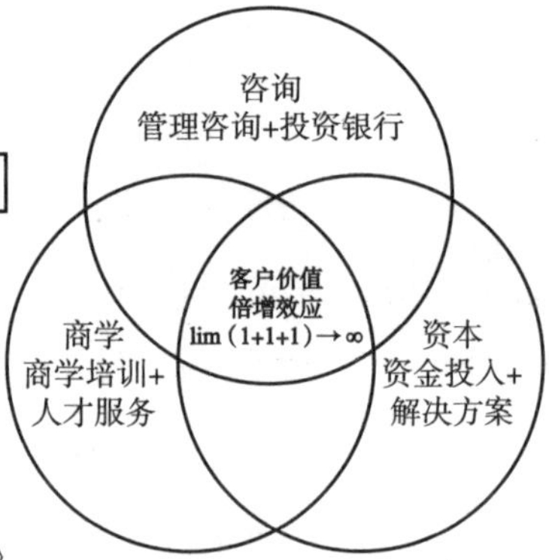

（b）客户价值倍增模型

图6–1　和君咨询内部生态

和君咨询年度操作的管理咨询与投资银行类项目超过700个，平均每个工作日签约2~3单，所服务的客户、行业基本覆盖了中国商业原生态的各个层面与各种类型。和君资本是倡导并践行赋能式投资的资本品牌，以股权投资的方式，为企业提供资金并赋能企业，为财富人士或机构提供财富管理服务，累计管理股权投资基金上百亿元。和君商学为高新技术企业提供大势、政策、产业、经营、管理、科技、金融、创业、职业等方面的培训、课程和师资，以及校企合作服务，其中，和君商学院为优秀的年轻人（即将毕业的本硕博学生、企业青年员工）提供“国势＋产业＋管理＋资本”的复合式知识结构和能力体系培训，2003年开始办学至今，全球累计毕业生有19000余人；和君总裁班致力于为企业家打造复合式知识结构和卓越能力，培养杰出的企业领袖，2010年开班至今，毕业的企业家学员有600余位；和君教育小镇开办了正规大学，每年招生人数持续增加，备受社会赞誉。

二、和君咨询的企业文化与湿地属性

1. 自觉承担建设生存环境的使命

和君咨询的精神纲领是“用咨询壮我中华”。湿地被誉为“地球之肾”，对地球生态发挥了不可替代的作用。与湿地相似，和君咨询有超越个体、超越组织的更高目标，自觉担当建设中华、优化生存环境的伟大使命。

2. 秉持“利他自利、自利利他”的发展理念

从企业战略的角度来看，和君咨询扎根咨询，将组织的发展愿景定义为：成为世界智业里受人尊敬的传世品牌，在世界商学流派中造就一个中国学派。

通过帮助别人成功实现自己的目标愿景，这是湿地型组织的基本理念和发展逻辑。

3. 打造湿地型组织吸引力

和君人秉持“人生如莲，三度修炼”原则，誓让和君咨询成为一个真正受人尊敬的公司。和君咨询对“人生如莲，三度修炼”的基本解读是：人生就像睡莲，成功是浮在水面上的那朵看得见的花，

这朵花能否开得美丽，取决于水面下看不见的根系和养分。态度决定命运、气度决定格局、底蕴的厚度决定事业的高度。

“人生如莲，三度修炼”从表面来看是针对和君人自我修炼的，就如一镜两面，彰显对他人的价值，本质上是打造湿地对天鹅、丹顶鹤一般的吸引力。

具体来说，和君咨询为什么要做一个真正受人尊敬的公司？终归是为了实现和君人自己的目标，路径是得到客户和社会的认可。而“三度修炼”中提到的态度、气度和底蕴，则代表了高度和竞争力，从而形成对客户的吸引力。

4. 和君人崇尚水的精神，广泛接纳，持续改进

在和君人的世界观里，水的属性是“接纳八方来源，终成其大”；无论何时何地，总是改变自己的形态，不断寻找出路；任何时候遇到阻挡，总是慢慢蓄积力量，最后加以冲破；历经千里万里、千难万险，始终不改变自己的本质和前行的动力。

和君咨询对水的精神理解为“广泛接纳，终成其大”，这正是湿地的属性。湿地型组织主张低门槛、自经营、自发展、自淘汰。这正是和君咨询在组织建设上的基本做法，即“泥沙俱下，裹挟前行”，先做大，再规范。

5. 先相信，后选择，再帮扶

王明夫写过一首诗叫《我相信》，开篇说：

我相信眼睛对视的刹那 / 我相信你的一次口头承诺 / 为此，我总是先行于你，信守我们的约定 / 期待着约定结束的时候 / 我们心灵的窗户敞亮地洞开 / 期待着眼睛再次对视的时候 / 我们真是幸福啊，会心地微笑 / 如果只有在确定不会被欺骗的时候才去信任，那么，世界就没有信任 / 如果只有在明确有所回报之后才去爱，那么，最美

好的爱已经无声流失 / 如果只有在看清楚了结果之后才去行动，那么，最佳的行动时机已经错过。

湿地对天鹅、丹顶鹤、野鸭、麻雀、地鼠等各物种不做选择，也不考虑哪个物种会欺骗它，来者不拒，才成就了湿地的繁荣。和君咨询与此相似，不论是对客户还是对员工，首先自己不设限，尽管有时被欺骗，但由于接纳甚多，那些欺骗的个案不会对总体产生影响，反而成就了庞大生态。湿地型组织如和君咨询，以优先相信的本性，选择值得支持的合伙人及咨询师，有针对性地帮扶做强。

6. 倡议共建人情原乡

“人情原乡”4 个字，成为和君人心灵深处的潜在追求，是安放灵魂的梦想世界。和君人认为，如果失去了人文关怀与人情温暖，那么成功就没有什么意义了。对于人生来说，同行的人和要去的地方同样重要，甚至同行的人比成功更加重要。梦想实现了，则光芒万丈，共留青史铸丰碑；如果梦想没能实现，则与同行的人肝胆相照，情义无价慰人生。

天鹅、丹顶鹤等各种候鸟每年不远万里、克服千难万险投奔湿地，是因为在基因深处、骨子里，它们认可那个家。无须权力驱使，各物种因为湿地吸引力，会自觉在湿地上建立家园，用它们的主观能动性，各自辛勤劳作，享受生活。湿地型组织主张在湿地 a 与借助湿地创建事业的 b 之间，不靠权力，而靠文化、共识、利他的关系，将契约作为行为边界，共为家园，优化发展环境，打造生态竞争力。

三、和君咨询的组织特征与湿地型组织

和君咨询于 2000 年创立，最初成员只有几个人，用了 10 多年

时间，便发展成亚洲规模最大的咨询公司之一，“咨询、资本、商学”三大板块形成“一体两翼”的格局，仅凭企业文化的影响力是不够的。以企业文化为引领，王明夫为和君咨询设计的组织模式和机制，发挥了重要作用。用和君人的话来说，和君咨询通过两本手册打天下，一本叫《企业文化手册》，另一本叫《制度手册》。和君咨询的组织制度，是基于和君咨询组织模式而建立的，为组织模式保驾护航，其根本在文化，表现形式是组织模式。

1. 打造湿地式吸引力

第一，高举事业旗帜。“成为世界智业里受人尊敬的传世品牌，在世界商学流派中造就一个中国学派”，“用咨询壮我中华”，和君咨询高高举起使命愿景大旗，引发广泛关注。

第二，提供关键成功要素。以王明夫为代表的和君咨询核心团队以超拔、深邃、实用的思想见长，通过卓越项目案例、和君咨询信息背书、和君咨询办公环境的文化氛围、咨询服务标准体系、企业文化体系、制度体系、作品以及财务、人资等综合服务，让加盟的合伙人可以安心为客户服务，在项目信息分配、销售、沟通乃至服务体系上，和君咨询总部平台给予系统支持。用湿地型组织原理来说，即针对合伙人关键需求，为合伙人提供关键成功要素，帮助合伙人成功。

第三，强大的信用品牌。王明夫所推动的企业文化，将“利他自利、信用、愿景和行为”高度统一，其组织逐渐沉淀了一群有共同价值观的合伙人及咨询师队伍，狠抓员工满意度和客户满意度两大指标，讲究手起刀落将事做成，日积月累，形成了强大的和君品牌。加上和君咨询在客户服务体系上的跟踪管理，经典案例日益积累，社会口碑效应明显。各级合伙人因为和君咨询的强大品牌力，在市场上更容易取得客户信任，方便达成咨询合作。

第四，推动建设学习型组织。和君咨询制度中规定，每两个月召开一次合伙人会议，每年“十一”和春节进行两次全员培训；公司建设了 E-learning 学习平台，为合伙人和咨询师设立了各种学习班等，在和君咨询的各种会议上，主要时间是用来交流最佳实践的。从王明夫的经典业务复盘，到和君咨询董事长王丰的《大势观澜》，乃至和君合伙人分享优秀做法，都是在给合伙人赋能，让大家掌握更多的成功方法。

第五，互为生态。和君咨询近 300 人的合伙人队伍和千人咨询师队伍，在和君咨询内部形成了能力互补的生态系统。每个个体在为客户服务过程中遇到难题，都可以在和君咨询内部平台找到解决问题的人和办法。

第六，强大的后台支持体系。和君咨询建设数字化服务体系，实施以一线团队为导向的敏捷服务，让合伙人无障碍地获取可能需要的后台支持。比如，某团队在客户竞标现场，因为一个关于和君咨询与联盟企业关系的说明文件被客户质疑，可以在 5 分钟内，让客户现场看到带和君咨询公章的说明材料。

第七，富有竞争力的分配体制。和君咨询制定不同级别合伙人对公司的利润贡献额，并动态地锁定与项目团队之间的利益分配比例。和君咨询在创立之初，远超同行，给予合伙人更高比例的利益分配权，即最大限度地将每个项目的咨询费授权合伙人自行安排，并将咨询项目的运营权全部交给合伙人，公司一般不会插手。

第八，淡化权力约束。在和君咨询总部（平台）和合伙人之间，将文化、制度作为契约，建立共识。凡合伙人按和君文化、制度去开展经营的，公司一般不会插手合伙人事务。除非两种情况，一种情况是合伙人发出召唤，公司快速响应；另一种情况是合伙人践踏了公司文化、制度的红线，公司会实施惩戒。

和君咨询的上述管理理念和方法，如湿地般具有对能人的吸引力，吸引来自全球的管理精英加盟和君咨询，成为其合伙人。这正如湿地型组织所倡导的吸引力建设，让各物种主动前来湿地，做湿地战略框架下的、各物种自己的事。而所谓自己的事，正是和君咨询战略目标的重要组成部分，实现了不用权力督导，却拥有高度主观能动性的卓越组织境界。

2. 支持成功者更加成功

第一，实施多级合伙人制度。和君咨询内部对合伙人进行分级，分级原则很简单，就是看其对平台 a 的业绩贡献。贡献越多者，级别越高，享受到的公司支持也就越丰厚。例如，外部客户的需求信息，无论是打电话还是发电子邮件到公司平台的，公司平台会先确定其专业领域。在匹配度高的专业领域，会优先分配给级别高的合伙人。另外，公司内部交流学习机会、员工更换团队等，也会优先便利更高级别的合伙人。这样对高级别合伙人优先的潜规则，确保强者更强，项目越多的合伙人获得的项目机会就越多，高级合伙人之间合作的机会也越多。这一点，和湿地型组织主张的低门槛、支持优胜者的原则是一样的。

第二，源源不断地为合伙人输送人才。和君咨询的商学体系，每年培养数千名毕业生。这些毕业生拥有耀眼的名校背景，学习过有和君文化特质的商学课程后，对咨询业务及和君文化产生一定的向往。同时，和君咨询会安排合伙人担任商学院班主任，与商学院学生有更多亲近机会，方便选拔和留住人才。基于在教学过程中建立的良好心理契约，合伙人团队获得了难得的人才来源通道。

第三，商学院和资本业务为合伙人带来大量业务信息。商学院不仅为和君咨询的品牌传播助力，其毕业生进入企业和政府后，也会为和君咨询带来项目信息；和君资本则通过对企业的投资和尽职调查，与企业家建立深度沟通关系，有更多机会推荐和君咨询合伙人为企业提供咨询服务。

第四，帮助合伙人创建自己的企业。在全面履行合伙人对平台义务的前提下，和君咨询鼓励合伙人创建自己的和系企业。所谓和系企业，并没有平台对和系企业的控股关系，甚至没有任何股权关系，完全由合伙人自创立、自经营、自发展。但是，和君咨询通过联盟企业证明材料及合伙人身份，给予和系企业品牌链接，并针对财务、竞标等方面，提供全方位的服务。

3. 与合伙人之间淡化权力关系，帮助合伙人赋权

如湿地型组织所倡导的，平台 a 不以权力为中心强化平台吸引力，和君咨询做得非常到位，能够吸引到近 300 名各路管理精英成为合伙人。同时，和君咨询也帮助合伙人强化其在各自小团队中的权力，如帮助合伙人创建公司，给予其更多的客户信息资源导流和学习交流的机会等。但是，在平台 a 和创业者、合伙人 b 之间，尽量淡化权力控制。王明夫和他的高管团队极少表现权力欲望，除非有人触碰了制度红线；否则，各合伙人的经营问题，完全是各合伙人自己的事，没有人会干预。

从理念上来说，和君咨询的口号是“命自我立”，除了规章制度规定的集团年度培训会、合伙人月会等必须参加，和君咨询对合伙人及合伙人团队的权力控制尽量淡化，如对几点上班、是否去公司打卡、如何考核等，公司没有硬性要求。这就使得合伙人小团队的运营管理是合伙人的事，而不是平台公司的事，从而确保了合伙人的主观能动性。而合伙人小团队因为合伙人够强，所带的兵够少，确保了小团队的高效率。近 300 位合伙人，众多小团队会集在一起，构成了高效率、文化统一的大和君。

4. 鼓励专业聚焦，打造各自领域的行业高手

和君咨询各合伙人团队按区域线、行业线、专业线进行划分（如图 6–2 所示）。

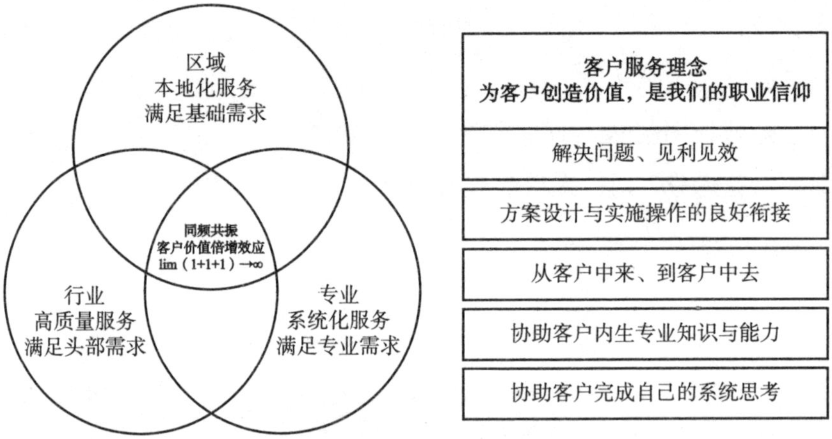

图 6–2　和君咨询的服务理念

区域线是指全国各地均有分支机构或常驻合伙人，致力于为客户提供本地化的专业服务及资源对接，这些区域线上的合伙人基本自成体系，以客户关系为首要任务，独立经营。针对不同专业项目，在和君咨询大平台上整合不同专业团队，共同为客户服务。

行业线分医药医疗、酒水、房地产、农业、化工、新能源、环保等数十个行业并分别建立团队，如医药医疗团队，由数位合伙人组成，每位合伙人手下建立了 3～10 人的小团队，专门为医药医疗行业内的企业、政府、产业园区等客户提供系统化咨询服务。

由于专业条线团队作业方向聚焦，假以时日，逐步训练成行业内有竞争力的团队，在服务质量上的优势将日益显著。

不同条线上的优秀团队，在服务客户过程中赢得良好口碑，而这种口碑的光环会自然落实到和君咨询的品牌上，对和君咨询整体

实现良性赋能。这一点，单个条线的咨询公司无法与和君咨询竞争。和君咨询这种各物种各有优势、各具风采，很像湿地各物种的“万类霜天竞自由”，共同构成了强大的湿地生态。

四、从老子思想看湿地型组织理念和平台行为

和君咨询的组织理念和本书所主张的湿地型组织理念是一致的，其本源可以上溯到老子《道德经》的思想。

1. 老子曰：既以为人，己愈有；既以与人，己愈多

组织想要实现自己的目标，就需要整合各种资源和力量；每种资源和力量都有价值变现的需求，组织针对特定需求，应该先去考虑为他人提供什么。

能够清晰地知道应该为希望整合的对象提供什么，然后去精心准备，持续优化，一直准备并优化到远超竞争对手，或者远高于需求者的基本期望，产生极具吸引力的魅力，则达到了“我若盛开，蝴蝶自来”的效果，这就是湿地型吸引力。

很多组织不明白，为什么给予很高的薪酬、极尽授权，依然不能解决组织成员的主观能动性问题。因为组织所满足的仅仅是员工的基本需求，对员工的梦想构成了时常撞脑袋的天花板。

根据马斯洛需求层次理论，组织成员的需求是多元的，组织成员的性格属性是复杂的。对于具有追随性、服从性属性的员工，给予高薪酬可能会购买到劳动力，但是，往往创造力不足。而对于有创造力的员工，仅仅购买他的劳动力是不可以的，他不仅有更高的、超越薪资的愿望，还具有成就自我的更高需求，他们需要打破天花板，实现自我期望、权力愿望，更需要必要的支持和帮助。

因此，和君咨询契合了湿地型组织帮助人才创立事业，帮助 b

强化权力、实现梦想的理念，因此激发了b、合伙人的主观能动性，他们全力以赴。因为，在他们的认知中，那是他们自己的事。

2. 老子曰：天地所以能长且久者，以其不自生，故能长生

湿地型组织理论承认“自利”的天然属性，但组织出发的原点是“利他”，平台a应当树立处在帮助别人成功的大道原点上的志向。老子《道德经》把组织的基业长青之道总结为“以其不自生”，因为它们不是为了自己。

万物互存，人生的意义在于帮助其他生命。组织的发展原点同样应该是支撑其他生命，让他们活得更好。这正是湿地的价值属性。湿地因为天然具备让万物活得更好的价值属性，才吸引到各物种自觉前来湿地“安家落户干事业”，共同构成了湿地生态。王明夫在公司内、外部，从思想到行为，始终表现了无私奉献，于是，更能得众，如众星捧月。每颗小星星的力量看起来微不足道，但因为形成集聚效应、b集群，其结果是伟大成就和基业长青。

3. 老子曰：万物并作，吾以观复。夫物芸芸，各复归其根

为什么要使用权力?

没有权力便不能形成合力，便没有效率，便不能形成有吸引力的湿地效应。因此，和君咨询总部平台以权力为中心，通过资源配置，赢得人才，制定目标，推动实施，将事做成，形成平台服务吸引力。

为什么权力作用有限?

组织理论研究者的共识是，随着组织做大，权力便成为影响组织发展的重大隐患。多层级、宽幅度的组织，越是迷信权力，便越失去组织效率。因为权力通过多层次传递，失去了沟通便利，解决不了人心和私欲的问题，更代替不了沟通下的协同，于是，即便有能力的人，也会因为组织内耗而放弃主观能动性，这就是“大组

织病”。

和君咨询看到咨询行业按照传统金字塔组织或矩阵式组织经营很少有做大的。其背后的原因在于以权力为中心，解决不了微观上利益和劳动价值之间的匹配问题，于是，采取了合伙人模式。所谓合伙人模式，就是平台 a 和创业者 / 合伙人 b 之间不再是买卖关系，而是在共同价值观和战略框架下的平等合作关系，大家都是文化和战略的执行者，无非分工不同。也恰恰因为分工不同，而有了各自经营责权利的明确界限：在规则下，各自尽到各自的义务；至于经营，亲兄弟明算账，你过你的，我过我的，命自我立，自负盈亏，自我决定前程。

老子对此种做法的诠释是：万物并作，吾以观复。夫物芸芸，各复归其根。各物种、各资源、各力量数量庞大、关系复杂，我只关注本质，那就是利益和梦想上的共识。基于对他人利益的高度尊重和敬畏，因势利导，水流成河，百川成海。

4. 老子曰：重为轻根，静为躁君

湿地有湿地的使命，各物种有各物种的责任和义务。王明夫面对各色合伙人和庞大的咨询师队伍，不是研究如何控制和规范，而是始终关注如何做好和君咨询总部管理工作，如何提升和君咨询品牌影响力。老子曰：重为轻根，静为躁君。只要组织如湿地一样，深刻理解什么是重心，便能吸引外部力量的融入。自身建设才是最重要的。作为湿地型组织，应当对自身有清晰的定义，知道什么是重要的。能够将重心，也就是核心竞争力做好，组织便可以静下来，管理者就可以实施无为之治。外部的繁荣基于内部的宁静，力量的整合在于总部的吸引力，湿地型组织做好 a，是赢得 b 集群的关键。

5. 老子曰：信者，吾信之；不信者，吾亦信之，德信。圣人在天下，歙歙焉，为天下浑其心

湿地型组织的力量核心是 b。一般来说，创业者 b 与平台 a 之间没有股权和薪资关系，如何建立彼此的信任，是组织生产力的核心命题。王明夫的高明之处在于，公司创立 20 多年来，始终如呵护自己的眼睛一样呵护信用，甚至将企业信用看得比生命还重要。2017 年前后，因为和君商学在“新三板”退市，涉及对众多合作伙伴的赔偿、补偿问题。这些赔偿、补偿项目，有的于法并不是王明夫该承担的责任义务，且总量上也超出他自己的支付能力，然而王明夫果敢担当，动用各种关系，四处拆借，渡过难关，没有损伤一丝信用。一般企业老板遇到这种情况，估计多数会以权力动用公司账户上属于合伙人的流动资金，或者赖账。

王明夫在 2008 年写过《我相信》一诗，在行为上，他确实身体力行，总是比对方先付出“相信”。在很多具体事项上，他不惜充当吃亏的“冤大头”，持续锤炼精金良玉的信用人设。由于保持了信用，实现了“圣人在天下，歙歙焉，为天下浑其心”的效果，让组织成员及外部合作者不用为公司信用产生一丝忧虑，确保内、外部合作者能够以诚朴真挚之情，全心为客户服务，把心力用在和君咨询的战略落地上。

第七章

湿地型组织曾在历史中光芒闪烁

湿地型组织中的组织平台 a，相较于拟整合的资源及能力，从角色关系上来看属于主导者，是强者。但是，针对将要整合的经营型人才、创业者 b，a 则主动放下傲慢，以谋划者角色、服务者角色，甚至仆人角色而存在。

老子早在春秋时期便洞见了湿地型组织的秘密。《道德经》有言："江海所以能为百谷王者，以其善下之"，"是以天下乐推而不厌。以其不争，故天下莫能与之争"。

老子的意思是，组织领导者应当学习江海特别善于打造价值洼地的做法。打造价值洼地般的吸引力，才有各路资源和人才受到感召而涌入，然后才有资格和条件成为组织领袖。在具体做法上，想要领导民众，则言行要谦卑；想要赢得比一般民众更大的利益，则必须将自己的身段放低。因为学习江海的成功逻辑，所以那些了不起的组织领袖，身居高位而组织成员感受不到压力，利益更大而不挫伤民众情绪，继而得到天下民众的推崇。因为这种组织领袖不选择与组织成员争利，他们选择的是帮助组织成员获得更大价值，所以会得到无限力量加持，天下没有谁能与之竞争。

《道德经》针对组织和领导者的上述主张，与湿地属性是一致的。历史上曾经辉煌的组织，在创建早期或者中兴时期，或许是遵从了老子的思想，或许是恰好遵循了正确的规律，总之，回顾它们的组织化成就，可以清晰地看到与湿地型组织原理的高度契合，为人类组织繁荣和社会进步，提供了宝贵的借鉴。

一、当代依然活跃的古老部落

澳大利亚土著是当代依然活跃的古老部落代表。他们延续部落或氏族制，成立联盟，以文化为基础，保持了组织的持久活力。

澳大利亚土著于4万多年前便定居于那里，堪称为数不多的原始部落中最古老的部落。虽然生活在当下，并且已经难以与现代社会完全隔绝，但其依然能够保持自古以来的组织模式，沿袭以打猎和采集为生的游牧生活。

澳大利亚土著有自己的语言，坚信狩猎者的最佳工具是祖辈传承下来的石矛和飞镖，与印度教相似，他们将先辈的故事创造成歌谣和舞蹈，代代相传，在组织关系、生活方式、祭祀文化等方面保持了古老的风格。

同样是土著，美洲印第安人易洛魁部落的组织运营模式，已经体现了现代管理的影子，以权力为中心，设有专职的政权管理者和政权机构。与美洲易洛魁部落不同，澳大利亚的土著部落则保持了古老的管理风格，他们重视平等和彼此的服务关系，淡化权力压制。在澳大利亚土著社会里，权威的作用是极其有限的。他们没有掌管政权的氏族酋长，没有部落议事会这样的常设机构，似乎也不存在事实上的所谓“老人政治集团”，但其社群组织却实现了长期可持续运转。这种现象体现了怎样的人性和底层逻辑，为研究组织模式创新提供了怎样的借鉴？

1. 文化共识代替权力

澳大利亚土著有语言、舞蹈、诗歌、祭祀活动、占卜、盛会、图腾、与神明交流的方式、复杂的生活与社交仪式。他们不用耕种，也不必到工厂“朝九晚五”，其生活属于真正的自然而然，因此，澳大利亚土著有大量时间从事文化活动。而各种文化活动，不断重复与优化土著先辈传承下来的故事和歌谣，从生到死，反复熏陶，让传统文化在组织成员心中根深蒂固。

约定俗成加根深蒂固的文化为利益和私心装上了共识的篱笆，违背传统文化规则，便会遭受天地人神的共同惩戒，因此，所有成员的行为都会自觉遵从文化规则。无形的文化规则带给部落成员高度的自觉，无须表现强制性权力，但并不意味着没有权力。澳大利亚土著如湿地对各物种那样，以文化共识代替强权，让组织始终保持某种秩序。

2. 基于文化的年龄等级规则

澳大利亚土著的认知里是有尊卑秩序的。和现代管理通过选举或资源背景决定权力高低不同，澳大利亚土著笃信“年龄就是秩序，长者决定规则”。他们认为，部落里年龄越大的人，经验越丰富，对秘传文化的承载越深厚，更擅长与天地神灵对话，为部落争取更多的神灵福祉。

从管理经验上来说，遵从年长者对整个族群未必都是有利的。一般来说，智慧的人更长寿。但是，因为天地自然的选择，谁活得最年长，完全没有定数。愚蠢的人一旦长寿，可能会带领部落犯错误。但是，由于遵从天然之选，部落不会出现权力斗争；组织领头人的决策发生错误是可以纠正的，因为人心在一起；如果因为内部斗争导致组织内帮派林立，这个组织将面临灭顶之灾。澳大利亚土著当权者的选拔机制，为稳定组织、实现可持续发展，提供了重要保障。

这种选拔机制还有一个好处就是避免了官僚风气。因为获得年长者资格的人，来自哪个地方、哪种阶层、哪个茅屋，是未知数，从人性上避免了权力的专有和官僚风气。

在现代组织中，公众决策、民主决策因为权力集中、公众力量分散，最终难免成为摆设。在澳大利亚土著部落，从古至今受一条文化主线熏陶，部落成员文化高度协同，并已经形成了若干不成文的规范，包括与自然的关系、社会关系、亲缘关系、婚姻关系、宗教以及秘传文化等，各方面的规则已经在组织成员心中形成范式，所以容易取得决策上的一致性。和现代组织管理相比较，澳大利亚土著部落管理方式可以体会组织秩序与权力安排对组织生命周期和效率的重大影响，其背后的本质是实现对人性贪婪的有效抑制，以尽可能降低贪婪对组织的影响。

3. 借助神灵的文化控制

听从神灵的旨意，是部落控制的首要工具。相较于文明社会用道德和法律形成对成员的控制力，澳大利亚土著部落的控制主要是通过仪式带来心理和宗教的意义，从而达到组织运转的目的。

现代社会想借助神灵实现对组织的控制是不可能的。但是，共同的文化愿景和共识，依然可以建立。缺乏文化愿景控制的组织，便成为利益乌托邦，没有前途可言。湿地型组织以文化理念为先导，就是这个道理。

4. 激励性的分配规则

在利益分配上，不同部落的分配方式略有区别，但也遵从公平和激励相结合的方式。比如，在食物分配方面，南澳大利亚的耶克拉米宁土著人将分配权给予捕获猎物的人；澳东部沿海的切帕部落成员在捕获猎物时，由受人尊敬、有威望的老年人主持分配；维多利亚部落则在分配猎物时，将好的猎物分给其他成员，将较差的猎物分给自己的兄弟享用；在尤因人部落中，猎取者可以优先支配猎物，在保证自给外，若有多余，才按照亲人、长辈、朋友和有困难的人的次序进行分配。

这种多样化的分配规则同样基于文化，体现了湿地型组织淡化权力、强调利益激励的特点。在“利他”文化尚未有效创建时，以创造者为先、创造者多得的原则，也能充分调动创造者的主观能动性，会增加组织劳动生产力的积极性。

5. 古老部落揭示了文化是湿地型组织的灵魂

湿地型组织如果缺乏灵魂，将成为野蛮人世界。在低生产力的组织里，为了利益自相残杀的现象是非常普遍的。例如，非洲野生的狮群，一旦处于饥饿状态，内部便相互觊觎彼此的肌肉，钩心斗角，弱肉强食；尽管猴群从表象上来看等级制度严密，但以拳头和壮硕的体格为依仗，霸权和欺凌无所不在。

澳大利亚土著的组织文化，揭示了实施湿地型组织，先要建立相匹配的组织文化。海星型组织和阿米巴模式等曾经在不同企业中绽放了效率的光辉，但很多企业在模仿中走向衰落，其背后的本质是文化不匹配。现代企业有愿望通过湿地型组织重振效率，其要点不在于组织模式，而在于文化先导。

二、奥斯曼帝国的权力派生价值

奥斯曼帝国（Ottoman Empire）以湿地型组织平台 a 角色，鼓励创业者 b 建立属于自己的组织，以降低庞大组织的治理复杂度，通过 b 的主观能动性，集群化建设奥斯曼帝国的对外竞争力。

早期因为释放大量的创建微型组织机会，奥斯曼帝国走向强大；但显然，奥斯曼帝国的当权者没有想清楚他们往昔组织繁荣的原因，无法让那种优秀的做法传承下来。随着微型组织做大，新的经营型人才再创立微型组织的机会越来越渺茫，奥斯曼帝国又未能及时通过变革创建新机会集群，导致那些创建微型组织的经营型人才走向了组织的对立面，成为加速组织灭亡的集群化反叛力量。

1. 权力是组织与成员间关系对立的表象，根本在利益关系

相较于原始部落时期，封建帝王时期权力意识大大增强，产生了国家机器，通过法律和强权惩罚反社会行为与反对统治者的行为。统治者依靠特权操作社会，扩大自己的利益。被统治者畏惧特权所控制的暴力机器（军队），多数情况下被动地选择妥协顺从。从此，统治者和被统治者的对立形成了。

科学处理和组织成员间的权力与利益关系，是研究组织理论不可回避的命题，也是湿地型组织理论下的关键方法导向。

2. 巨无霸组织的和谐与高效

奥斯曼帝国，是土耳其人建立的多民族帝国，因创立者奥斯曼一世而得名。自一个突厥小部族于 1299 年创立，到 1923 年，奥斯曼帝国历经 624 年，时间上纵跨中国的宋、元、明、清 4 个朝代，极盛时疆域横跨亚、欧、非三大洲。受第一次世界大战战败影响，奥斯曼帝国权力分化，1923 年苏丹制被废除，最后一任君主穆罕默德六世被迫离开土耳其，土耳其大国民议会的《洛桑条约》得到国际承认，正式宣告了奥斯曼帝国的末日。

和对外竞争的组织一样，奥斯曼帝国以征服为基本国策。作为疆域横跨亚、欧、非三大洲的庞大组织，宗教和种族非常复杂、多样，如巴尔干半岛，在帝国的架构下，民族与民族之间、宗教与宗教之间的新仇旧恨几乎无法调和。

这种状态很像庞大的组织，如大型跨国企业，各地员工数量、肤色、语言、文化背景差异很大，内部倾轧时刻存在，如何实现内部和谐，保持组织效率最大化？

奥斯曼帝国统治下的区域，内部和睦、稳定、高效的态势竟然

持续了几百年。奥斯曼帝国在发展期和成熟期的数百年时间里，整合内部资源和人力，对外开疆拓土，帝国位势持续提升。与某些国家对外征讨导致内部分裂和衰落不同，奥斯曼帝国的内部经济并未因为对外扩张而衰落，反而获得巨大成功。可见现象是各宗教团体集群般崛起，与经济协同，蓬勃发展，其核心原因就在于奥斯曼帝国推行了“米利特”制度。

3. 米利特制度如湿地型组织理论下的 b

米利特是宗教团体的意思。在奥斯曼帝国，任何地方宗教派别都可以向帝国政府申请成为国家特许的米利特。任何有本事创建米利特的人，只要能够设立宗教派别，都有机会成为米利特的掌门人。这很像湿地组织理论所倡导的 b 集群建设，鼓励经营型人才创建自己的微型组织。

米利特作为帝国特许的宗教群体，属于一种自治机构，可以有自己的法庭，权限是审理本教派的案件，帝国政府甚少干预。人们主要根据他们的宗教信仰受到米利特的约束，而不是依族群区分。米利特的首领通常是宗教领袖，如希腊正教会的君士坦丁堡普世牧首，他们直接对苏丹负责。米利特拥有很大的权力，他们可制定自己的法律，征收税项。除了交一定比例的税给帝国政府外，其他款项都由米利特自行处理，不同的宗教教派单独管理自己的民众。

4. 通过鼓励建设 b 集群，让复杂的国家治理变得简约、高效

奥斯曼帝国的宗教体系可以理解为一个大湿地。大湿地由不同的小湿地组成。各宗教派别效法大湿地，又可以衍生众多微型组织 b。每个宗教组织的领袖，都对其上级乃至奥斯曼帝国苏丹负责。

奥斯曼帝国给老百姓的选择权，倒逼宗教领袖互相竞争，不得

不主动选择上对国家下对黎民百姓有利的组织行为，致力于发展宗教文化共识和降低赋税，以提升各自组织对民众的吸引力，否则，其宗教将失去民众。

奥斯曼帝国这种米利特机制看起来简单，但在特定背景下，却发挥了极大的维护社会和平的作用，正可谓大道至简。

5. 机会的有限性积累了反叛力量

成也米利特，败也米利特。随着部分米利特的持续做大，出现了垄断，对民众和国家的利益便出现损害。奥斯曼帝国的米利特机制实施的早、中期，很像市场化机制的早年，到处都是当老板的机会。随着宗教教派逐渐做大，新创立宗教教派的门槛大大提升，社会逐渐被宗教贵族所垄断。为了利益，大型教派之间的竞争愈演愈烈。

就如市场上总会持续不断地蘖生拥有老板欲望的群体，却未必有足够多的做老板的机会。随着时间的演进，在大型米利特垄断的氛围下，想要获得创建米利特的机会已经越来越难，这些被压制的欲望，总要找端口发泄。

奥斯曼帝国作为国家平台 a，充分考量国家和人民的需要，将微观治理权下放，因此释放众多“创业”的机会，让拥有创业欲望的人建设微型组织 b 集群，降低了国家治理难度，用经营型人才的组织经营能力，保障了国家的税银，维护了人民的利益。其失败之处在于作为国家，始终强化对外扩张的欲望；同时，没有适当的机制让内部米利特发展得到有效的约束，最终内忧外患，走向了衰落。但是，其以平台引导和释放微型创业机会，为大量经营型人才提供成功机会的做法，依然是充满光辉的、值得效法的。

三、封建社会时期的中国乡村组织

在封建帝王时代，皇权对县令以上的官僚拥有强大的控制力。而在基层，则有其他管理惯例，其中的优秀做法，具有湿地型组织的影子，人人看起来都是为了自己，但同时也在为他人、为国家做贡献，这大大降低了国家治理的难度，有利于解放生产力。

中国从秦朝到清朝，国家治理的机制大同小异：皇权驱动到县令级别；在县令所管辖的微观地界，则由县太爷说了算；县太爷也没有足够的编制实施管理控制，于是，在特定规则下的自组织、自经营、自发展，成为中国封建社会乡村建设的典型模式。

古代人口稀少，可拓荒的耕地众多。在某个历史时期，随着和平的年景累加，人口繁衍和迁移频次增加，很多乡村都是从无到有，由迁移和繁衍自然集聚而成的。农民觉得哪个地方地形好、适合耕种，就定居在哪儿，逐步形成村庄，直到形成众多家庭、自由形成组织。

给予自创建的政策机会，在村落问题上放任百姓自组织，是古代乡村村落形成的基本路径。

1. 为自组织建立规则

皇家放任乡村的自组织，但不是无序放任，而是从国家角度，采用最微观的组织形式。这种组织形式，最典型的便是保甲和里甲制度。

保甲起源于《周礼》，“五家为邻，五邻为里，四里为酇，五酇为鄙，五鄙为县，五县为遂……使各掌其政令刑禁，以岁时稽其人民，而授之田野，简其兵器，教之稼穑”，通过制定组织层级和标准，赋予微型组织以国家使命和义务。

保甲正式上升为国家制度，是从北宋王安石变法开始的。王安石推行的保甲制度设 10 户为 1 牌，设牌头（有时称“牌长”）1 人；10 牌为 1 甲，设甲长（或称“甲头”）1 人；10 甲为 1 保，设保长（或称“保正”），综理全保事务。

有了保甲制度，县令就可以借助保甲组织的自管理、自经营，实施“无为而治”，主要工作内容在于处理和上级的关系以及法律事务，这也是古代县政府职员数量很少的原因。

2. 鼓励乡村在规则下自治

皇权制定了乡村治理规则，同时将政权控制点止步于县令，村庄享有完全的工贸、宗教及其他诸如所在地区管理、调节和保护等方面之自由，最大限度地推进了乡村的自由和自治，对促进基层生产力发展发挥了积极的作用，使传统的乡村社会得以长期和谐稳定地发展，并产生了各地异彩纷呈的乡村文化。

乡村自治下，包括公共福利的建设，多数并不来自上级的安排和强制，而是由村社自愿组织实行的，甚至包括安保、教育、公共卫生、修理公共道路和水渠等各种事务，都由村民自组织、自治理。例如，村庄里最重要的公益活动——架桥修路，有的是村里的老人动员，全体村民进行集体劳动；有的则是村里的乡绅捐款修建。又如，灌溉工程（特别是建设组织负责的灌溉工程）一般由地主乡绅自发提出。再如，黄河的治理工程等，也往往由乡绅发出倡议，民众集体向政府申报，从而得到政府的响应，再由政府主导，动员地方各村和政府共同制定各自的出资比例或者人力标准，来联合实施。

在特别重大工程上，项目组织为提高捐款额度，还会制定类似股权激励的政策。例如，广东东莞的“水南新”，是 1901 年由村民集资修建的，长 1000 多丈（约 3333 米），可以灌溉 700 亩农田，建设时规定，在使用时，根据每人捐资多少，决定其可享受灌溉土地的比例。

3. 文化为乡村自治提供保障

中国封建社会实施类湿地型组织模式有其文化背景，在《道德经》《尚书》《易经》以及儒、佛、墨、法等诸家文化中，随处可见先贤的主张。“利他自利、成人达己、济世安民”等深入人心的士子修养，为中华文化背景的组织创新奠定了强大的文化基础。

“齐家、治国、平天下”在儒家文化中是个人修养的终极目标，“一屋不扫，何以扫天下”“尊老爱幼”等传统文化，为乡村自治提供了人才群体的沃土；而宗教的积阴德、转世轮回等现在看来纯属迷信，在当时却为底层社会赋予了神明的指引；忠君爱民、皇家恩赐、衙门奖项等，对家族在地方的影响力是巨大加持，封建帝制下的文化传承，为乡村自治提供了文化保障。有了这些文化保障，在众多公共事务上，如架桥修路过程中，人们会主动修建凉亭；富绅会在凉亭提供免费茶水，以方便路人；路边醒目处，还会设置功德碑，上面刻写捐资人的姓名和金额；捐资者生前受人尊敬，死后享受荣耀。这种功德碑，现在在浙江、广东、江西等地的偏远乡村还随处可见。血缘关系、尊老爱幼的习俗作为一种文化传承，在人们心中根深蒂固，使得村民之间，以及与周边邻社的社会关系上，形成一种稳定的结构，确保了乡村秩序的稳定性。

4. 宗族在乡村自治中沉淀为秩序的底盘

宗族是以血缘为纽带的村落组织，是村民自发形成的组织，通常由族里的乡绅领导。随着乡村自治的持续深化，地方在交易上逐渐出现易货贸易和地方特色的社会关系规则。皇权的影子虽然影响至深，但在乡村往往以宗族权力为天。然而这并不影响皇权的权威性，因为宗族的荣耀很大程度上来源于和皇权的关系，如读书人做官、做公务员，与官府当权者联姻，遵纪守法等，都是强化宗族在地方权势的重要影响因子。

宗族的权力核心多数在乡绅。在中国文化认知里，乡绅有义务帮助族里的贫穷人士，他们也从中得到威望和道德的提升。因此，宗族在建设公田和义仓上有主观能动性。受到文化鼓励的乡绅，会主动将从中创造的公共财产用于宗族的救助。宗族会举办各种特定的活动，包括集体劳作、族谱编制、祭祀活动、福利事业等。宗族在国家教育上的投资意愿很高。在古代乡村，私塾和公共学堂兴盛，均由乡绅出资或民众集资；一旦有学生出人头地，会自觉回报宗族的各种公益事业。

5. 租佃机制保障了生产力的自觉性

租佃机制可以理解为现代的承包租赁制，地主将土地出租给农民。这种生产关系自战国时期由民间自发创建，直到新中国成立，延续了 2000 多年。封建帝王认可租佃机制，偶尔会出文约束租佃机制，以保护弱势群体。比如，北宋颁布的《皇官庄客户逃移法》规定，只能役使客户本人，不能役其家属；不能强迫卖田、欠债者为客户；客户死后许其妻改嫁，允许客户自将女儿出嫁等。

租佃机制下劳动力是自由的，可以自主选择租赁或不租赁，也可以自主选择租赁哪个地主家的土地，使不同地主之间形成对劳动力的竞争关系。这和奥斯曼帝国的米利特制度本质上有相似性。好的土地如何吸引到种庄稼好手，或者农忙时节如何吸引劳动力优先选择，对于地主来说非常重要。

因此，地主会自觉约束行为，主动提供更好的条件，或付出更大成本，以提升品牌吸引力和价值吸引力。

如湿地型组织对前来创业的 b 提供关键成功要素那样，对远道而来的、没有住房的，且没有耕牛、农具、种子的佃农，地主会提供住房、耕牛、农具、种子，并规定一定比例的分成机制。对于本村无地、无耕牛，但有工具的佃农，地主会相应提供耕地和耕牛，在分成时比例会低一点。而对生产工具、种子齐备，只需要土地的佃农，地主也会另行安排机制来达成租佃关系。有以实物分成的，也有固定地租的，更有以劳务代替交租的方式，可谓多种多样。

地主和佃农之间的关系，依靠合同、合约。只要合同期满，佃农就可以自由选择某个地主，也可以自由退出。这使得佃农的生产积极性、经营自由度高。佃农在赚到钱后，可以在地主的周围开商店，乃至饭馆、剧场等一系列商业机构。许多古代村落和市镇就是以这种模式由小到大，最终形成繁荣的村落生态的。

对于中小地主来说，除了提供生产工具和住房、土地，地主和佃农之间其他的交叉就不多了。但是对于特大型地主来说，则有了更大的社会功能。例如“赣省乐平县之某村，约 1500 户，尽属有永佃权之佃农，该处之田地，肥沃异常，向无水旱等灾，每年且可栽种二季水稻，惟彼等因鉴于捐税之繁重，乃将田地廉价售于本县大户，但得保存其永佃权。闻该佃农等迄今从未发生欠租等事，故地主收入，除缴纳正当捐税外，尚有微利可图。皖省合肥等县，农家因争夺水利成讼，败诉者自知势薄，乃将全部田地，售与城内某大户，自为佃农，拟借地主之力，作为护符者”。根据历史记载，多数地主和佃农之间感情是融洽的，互相帮助的氛围很浓，在节日期间也会互赠礼品。

在地主和佃农的关系上，地主更像组织者。作为组织者，很多地主会自觉承担更大的社会责任，为佃农提供关键成功要素，如修建水渠、公路、住房，出资筹办、建设诸如祠堂、书塾、医馆、济世堂（类似现在的养老院、孤儿院），还会利用自己的知识、名望优势，调解民间纠纷、维护地方治安，遇到荒年自觉赈济灾民、开仓放粮等。

6. 封建社会的湿地型组织特征与价值

封建社会的经济来源以农业为主，而农业的主体是众多农民。王权、皇权如何管理和控制海量的、散落在各个角落的农民，和当前大型组织面临的如何确保末梢组织成员的主观能动性问题是一样的：成员数量多，对成员的主观能动性依赖性强，过程难以控制。

当前的大型组织，尤其是员工数量巨大的大型企业，寄希望于西方管理学界和企业界的绩效管理手段，导致组织授权和主观能动性之间的"悖论"无解。

中国古代对乡村的治理机制，其县令以上部分到皇室，可以视为平台 a；县令以下的以乡绅为核心的乡村组织，则可以看成 b；用同样的原理和模式来看地主与佃农的关系，可以将地主看成 a，而将佃农看成 b；封建社会在农业方面，以文化为保障，依靠 A=a+bn 的湿地型组织模式，让权力和组织成员主观能动性保持了良好的关系，保障了农业生产力的稳定和发展。

以社会政治稳定为前提，清朝的人口从顺治初期的 6500 万人增长到道光时期的 4.5 亿人，与清朝社会的类湿地型组织的社会治理有直接关系。

7. 成也关系，败也关系

湿地型组织原理和模式，主要通过生产关系的优化解放生产力。其平台与微型组织之间，地主与佃农之间，皇权与县令以下民众之间，这些关系主张淡化权力、强化契约，鼓励自觉性。但是，在平台化组织内部，则需要持续提升组织素养，强化权力集中，以确保平台的价值性。从清朝政权的兴盛到衰落，可以感受湿地型组织的价值所在和"风险引线"。

其一，佃农制度给所有人以致富和发展的机会。在清朝，佃农发展为地主的现象非常普遍。例如，北京周边地区的皇庄和王庄，在清朝早期被皇家分配给了贵族，采用奴隶制耕作土地。由于奴隶们看不到未来，便懈怠和投机，生产劳动效率低，管理难度大，收成很差。后来，这些贵族将耕地以佃农模式租赁给自由的农民，产量大大提升，地主和佃农共享丰硕的成果。后来，这些佃农因为劳动收获积累了财富，而地主则挥霍无度缺乏资金，便自然地形成买地、卖地关系，佃农的土地越来越多，成为地主；而原来的贵族地主，因为各种原因家族衰落，其后代子孙很大部分成为佃农。佃农制度保障了百姓追求成功和幸福的基本动力，使得农民投入粮食生产的主观能动性大大增强。

其二，佃农享有自主选择权，决定了主导者责任的自觉性。地主为了吸引到种田能手和足够的劳动力，会自觉地在公共事务上下功夫，为佃农前来创业提供更好的、更有竞争力的环境，如通过修建村里的公共工程、兴办教育、提高村民的综合素质来提升整个村落的竞争力，吸引更多的佃农入驻。地主阶级在竞争佃农方面被动产生了必要的需求，确保了公共服务、平台化建设的自觉性。

其三，类湿地型组织的生产关系未能得到先进生产力协同。湿地型组织不仅是一种组织模式，更是组织文化和理念。这种组织文化和理念，曾经被封建王朝的官员们大力倡导，并在某一时刻激发了强大的生产力。例如，清政府曾在新疆实施了类似湿地型组织原理的机制，吸引内地农民前往，开发建设。清政府规定，内地愿到新疆屯田的农民群众，由官府提供车辆和沿途生活费用，并派人护送到屯田目的地；农民到达屯区后，官府提供土地、农具、种子、房屋、口粮等，助其安家；农民垦种的土地，按照政府规定的份额，6 年之内不征赋税；如果农民开垦超出份额的土地，这些土地将长期不征赋税。到乾隆后期，新疆成为大清西部的粮仓。诸如闯关东、走西口等移民现象，本质上也是政府打造了类似湿地型组织的吸引力。遗憾的是，中国古代不重视科技生产力，仅有生产关系的先进性，不足以实现螺旋形的相互驱动。

其四，皇权控制体系不健全，让底层与皇权的关系走向背离。类似湿地型组织文化和原理在清朝成为一种机制，在皇权初创时期以及和平年代，这种机制下的生产关系让村落无限膨胀、分蘖，大大提升了生产力。如清朝初，全国人口不过 1 亿人，但是到了乾隆年间已经达到 4 亿人，可见这套机制是有效的。

但是，随着皇权治理水平弱化，加上社会关系逐步固化，地方官吏的贪腐现象愈演愈烈，乡村的纳税往往被截留，中央银库亏空。腐败和权力滥用导致百姓苛捐杂税负担越来越重，内部纠纷四起，农民起义现象增加。这时，外敌会乘机入侵，兵荒马乱，基层组织秩序则走向崩塌。

四、从印度海得拉巴看湿地型组织对招商引资的影响

海得拉巴是印度特伦甘纳邦首府，位于印度南部德干高原，海拔 617 米，热带季风气候，全年温暖，是印度南部棉花、谷物、食品、烟草的集散地。几百年来，海得拉巴一直是特伦甘纳邦的工业首都和主要经济中心。

制药业是全球大国竞争的主要产业领域之一。制药行业尤其是大宗原料药污染严重，导致中国、印度、意大利、爱尔兰等原料药生产具有比较优势的国家，会出现原料药企业频繁搬迁的现象。基于药品保障、产业进步和国际竞争考虑，1961 年印度成立了其最大的国有药品和制药公司 IDPL，推动原料药和制剂一体化，并将产业重心落在海得拉巴，很快在近 40 万平方千米的土地上，集聚了 2000 多家制药企业。

高速发展的制药业伴随着严重的环境污染，给海得拉巴及周边上亿人口的生活带来恶劣影响。2018 年 3 月，特伦甘纳邦政府下决心动用国家力量，建设海得拉巴制药城，重点打造以公共污废处理体系为代表的“保底服务”，彻底解决环境污染的难题，将环境生态、产业集聚、产城融合、产业协同一体化，推动制药产业集中化，实现制药工业的高质量发展。

目前，在海得拉巴市区 20 千米之外的制药城，总规划面积已经超过 78.24 平方千米。新建制药城摆脱了原制药企业在环保、生活等产业与配套方面各自为战、改造难度大的弊端，充分考虑到生活区、研发区、制药区、制药大学等布局结构，初步建立了一体化、产城人文协同的现代化产业园，从产业到生活、教育医疗、行政审批，基于制药产业的所有相关活动，都可以不出园区而得到一站式服务。

2020年，新冠疫情导致了全球大宗原料药供应不足和涨价现象，印度政府提出以海得拉巴制药城为基地，打造全球最大的原料药基地的目标。目前，已经有 350 家国际大型制药公司申请土地及入驻，其中不乏国际制药巨头，包括诺华制药以及印度最大的制药公司之一雷迪博士实验室等，优先将原料药在制药城落地。

印度中央及海得拉巴政府在制药城建设上，发挥的是湿地型组织 a 的作用，针对全球大型制药企业的关键需求定义政府的服务范畴，将政府该做的事努力做好，包括环保、生活配套、生产制造基础等，有的由政府全面负责，有的则由当地政府承担基础建设的组织者责任，通过创立资金、在重大项目上引入 PPP 模式等，形成合力，建设大型基础配套工程。而制药企业 b 入驻的建设和发展问题，由各企业自行落实。

海得拉巴类似湿地型组织原理的一系列做法，产生了湿地般的吸引力，对国际头部企业形成强大吸引，产生了产业集聚效应。

五、中国改革开放与湿地型组织原理

中国改革开放是全球公认的经济奇迹。基于原理的相似性，湿地型组织理论借鉴了中国改革开放的思想方法。

在中国改革开放初期，经济学家张五常曾基于中国政府当时的制度设计，而预言“必将成功”。张五常是制度经济学领域的权威专家，长期以来专注于产权、制度、竞争机制与经济效率之间的关系研究。预言“成功”时，张五常并没有形成一个清晰的理论来解释中国制度设计的优越性，只是根据其多年研究的直觉，这种直觉，就在于对生产关系和生产力之间关系的研判，简言之，改革开放符合人性和潮流，有利于资源配置、成本优化和竞争。

到了21世纪初，随着观察深入，张五常提出了“中国经济制度的重点是地区之间的激烈竞争，史无先例。虽然地区间的竞争在全球各地都不同程度地存在，但由于中国的是一种特别的机制产生的特别的生意上的竞争，这是绝无仅有的”。张五常指出，中国的这种模式中，县是区域竞争的主角，认为县与县的竞争可类比公司之间的竞争。中国的改革开放政策，给予了以县为主的地方政府以自由竞争的空间，这很像湿地与湿地上各物种的关系。

在类似湿地与湿地上各物种的关系中，中央政府扮演了至关重要的规则主导者、战略引导者、秩序疏导者的多面角色。这种角色向下传递，在地方产业园区等招商引资平台问题上，县政府同样扮演了类似湿地的平台角色，为湿地各物种即入驻企业提供关键成功要素。各地政府为吸引到更好、更多的企业和资本，就必须加强优化政府职能，这大大提升了政府的主观能动性，促进了地方经济的蓬勃发展，体现了不同区域的政绩差异。

中国改革开放政策下的组织模式，相较于其他国家的经济组织，其优越性很多，所发挥的作用不仅体现在政策引导上，而且具有巨大的文化激励作用。

1. 中央主动试错，表现强大的包容性

例如，深圳和上海的浦东新区，最早都是由政府主导规划的。当时很多人认为其不可能发展起来，但是政府基于可能性而大胆试错，给全国做了示范，后来，事实证明深圳和浦东新区的发展非常成功。而在同一时期，也有一些特区的实验并不是很成功，但积累了经验。其容错样本所体现的包容性，为地方的开拓精神提供了认知保障。

2. 各地致力于交易费用的降低

中国在改革开放之前交易费用是极高的，而在改革开放以后，面对国际、国内招商引资的共同需求和竞争压力，从中央到地方，都在主动大幅降低交易费用，并形成了文化，有利于产业和资本降低成本，提升国际竞争力。

3. 准入门槛低和游戏规则越来越简约

和湿地不设门槛相似，湿地型组织准入门槛越低，游戏规则越简单，政务服务越透明，所能吸引到的入驻者越多，越有机会诞生卓越的建设者。

有的传统组织还改不了靠信息落差攫取利益的习惯，一厢情愿地设置门槛，让游戏规则复杂化，在服务条款中设置陷阱，此举会让用户敬而远之。以某小型车险公司为例，其设计了一套自认为更“科学、精确”的机制，在保费的浮动上，从以前的几个简易的衡量指标，增加到80多项细密的指标和公式；有些衡量尺度还是保密的，不向参保人公开。这就引发了参保人的不信任。而中国改革开放能够快速推进的一大特色就是准入门槛特别低，游戏规则简单。

中国的小商品、纺织品等迅速占领了国际市场，进而在家电、电子等更高端的领域攻城略地。这与地方政府的审批快、准、高效有关。

4. 积极探索集权、淡化权力以及责任的边界

明确各自的角色并达成共识，是建设湿地型组织的必要前提之一。地方政府和国有企业，在国家间竞争、公共服务、社会保障、公平性方面的责任义务日渐清晰，而非公立组织则需要理解自身在效率与创新方面的生存要义。政治学家刘瑜指出，国家的运作只有在足够强大的基础上，才能让整个国家保持稳定，政令才能上传下达，才能维持不同级别组织的公平合理竞争。这种足够强大，必须依靠权力的高度集中，以保障一定程度上的集中效率。从湿地型组织原理来看，当一个组织完全需要中央权力驱动时，必然会出现组织授权和主观能动性之间的“悖论”。因此，中国的改革开放，明确了非公经济的社会地位，逐步从权力和责任义务角度，定义非公经济和政府平台的关系，努力减少权力对非公经济发展的负面影响，保障经营型人才创业的积极性。

第八章

湿地型组织建设的实施路径

如前文所述，湿地型组织模式 A=a+bn，其中 a 为传统意义上的组织，如公司，是众多创业者的事业平台；b 为借助公司或平台的创业者及其自主建立的微型组织，bn 代表众多 b 所形成的 n 个组织集群。例如，抖音平台和视频创作者加电商，共同构成了湿地型组织生态 A，其中抖音平台是 a，视频创作者加电商是 b。众多 b 构成 bn 群体，在借助抖音平台 a 发展自己事业的过程中，达成了抖音平台 a 的战略目标，共同构成了抖音生态 A。

如图 8–1 所示，明确实施逻辑是湿地型组织平台 a 必须优先解决的问题。若流程各环节实施不畅，则应该回头检视主导者实施逻辑是否科学、如何优化。流程“五、共识与契约”非常关键，双方不仅要追求契约上的广泛共识，还应该基于共识恪守信用。作为事务或项目的实施方，b 在实施过程中会遇到各种难关和不确定因素，往往难以恪守成果信用，需要湿地型组织平台 a 给予客观评价和包容。湿地型组织平台 a 是湿地型组织的引领者，应主动担当契约维护者，以身作则，恪守信用。在对项目、对 b 事业执行过程进行监督和评价时，一旦出现疑义，应回归湿地型组织的逻辑，主动与 b 修订共识。

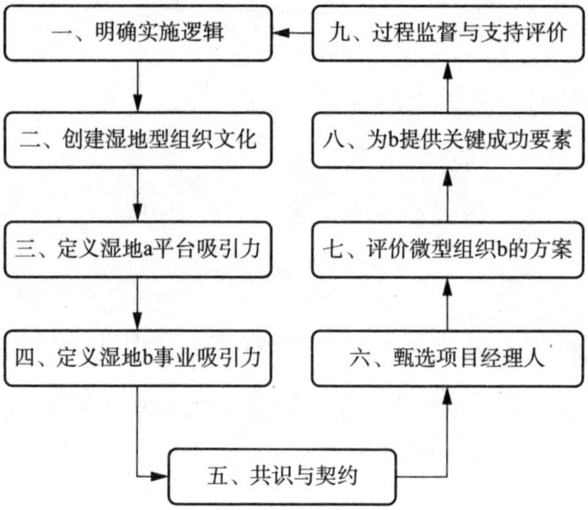

图 8-1　湿地型组织建设的实施流程示意

需要特别注意的是，湿地型组织主张更多的 b 共同承担某项具体事务目标，追求的是无数个 b 共同形成的合力。对于主导者平台 a 来说，与其对众多 b 能否执行到位内心打鼓，不如在提供关键成功要素和文化激励上下功夫。因此，以事业吸引力为导向的平台建设是要点中的要点。

一、明确实施逻辑

“全面统战”“团结一切可以团结的力量”，中国革命的胜利，其事业愿景、发展逻辑符合广大人民群众和社会各界进步力量的基本诉求，如湿地般具有强大吸引力，很快形成“星火燎原”的效果。

作为组织者，如果过度信奉权力和利益，忽视了希望整合的力量的意愿，不能调动他们强烈的主观能动性，那便不会有星火燎原的效果。发现并调动意愿的要素，是湿地型组织建设的第一要义。

4因主义组织原理与践行魔鬼三角模型和理论，是构建湿地型组织的基本逻辑参照，也是激发拟整合目标强烈主观意愿的基本路径（如图8–2所示）。

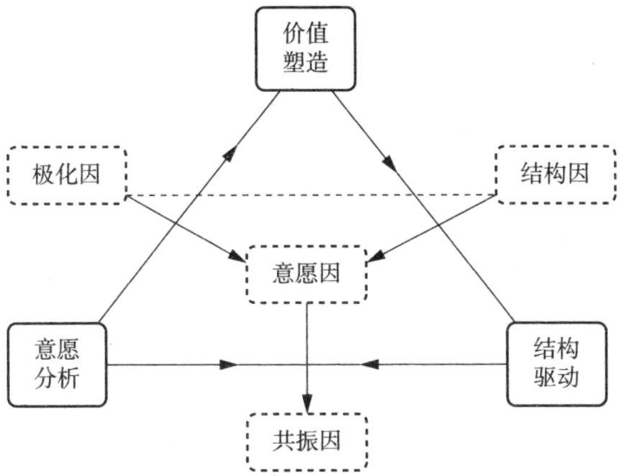

图8–2　4因主义组织原理与践行魔鬼三角

4因主义组织原理是一种尊重人性、顺应人性并借人性达成组织目标的主张。“万法皆空，因果不空。”4因主义指出，研究组织问题的轴心是“人的意愿”，希望整合怎样的人力和资源，首先要观察、研究、理解相关主体的“意愿”所在，并顺应相关潜在意愿；其次去激发强烈的获得性意愿，直到目标人愿意全力以赴，甚至欲罢不能、势在必得。

以意愿为中心的主张，给组织发展逻辑提出的第一个命题，便是基于组织目标，去定义和明确达成组织目标各环节的主角：此事谁来干，或者此事针对谁？

主角明确了，然后才会有针对性地去深度了解他们在想什么，他们想要什么，他们的所想所要和这件事有怎样的关系。在发生关系过程中，会有怎样的价值点可能令其足够关切，这就是4因主义的“意愿因”。

抖音项目的组织主角是短视频播主、电商创业者，他们的意愿、他们特别想要的是巨大流量和经营的便利。参透意愿因之后，则要根据该主角的重大关切，选择价值点。比如，短视频播主、电商创业者的重大关切是对消费者的触达，于是，抖音项目平台通过各种途径增加对手机功能的植入，让所有智能手机能够轻松下载并使用抖音 App，然后，有针对性地推广话题短视频、实施品牌传播，打造吸引力，吸引用户使用并养成习惯。

大量人员收看抖音短视频，是抖音平台的引导和塑造所形成的结果，这是短视频电商创业者成功的关键要素。这个过程是价值再造的过程。

和众多短视频平台不同，抖音对短视频播主所关切的价值塑造做到了极致，远超竞争对手，甚至超越短视频播主的一般期待，于是，便具有了价值极化的效果，被定义为“极化因”。

被极化的价值对用户或组织成员可以产生绝对吸引力，一旦他们认识到，便会选择这个平台来开办业务、开展事业，形成事业平台创业者的集聚效应。但是，价值极化程度足够高，也未必有更多的人前来创业。这就需要研究用怎样的方法，让播客创业者看到、理解、相信，最终义无反顾地选择，其方法是通过多元化途径和结构化共同达成。卓越的营销推广，都会有多种做法。多种做法会依据先后次序、着力层面等，按照结构化方法，形成推广合力。这就是“结构因”。对于抖音平台来说，早期平台价值已经足够鲜明，但是，由于陷于快手等众多短视频平台中间，这种价值很难被人认识到。于是，抖音平台通过短视频竞赛、创作者大会、各种广告植入等方式，用结构化让多种推广力量形成了合力。

实行湿地型组织的关键在于对创业者、经营型人才的批量化吸引，就如抖音平台吸引到大量的短视频制作者、电商前来平台创业。如果按照传统的人力资源招聘或者猎头的方式寻找，想要达到当前抖音平台这种创业者、创作者集群效果，比登天还难。抖音平台则是通过价值塑造、结构化传播等形成合力，在全国乃至全球消费者中形成共振效应，实现爆发式增长。以共振效应为导向的营销推广安排，便是“共振因”。

在4因主义模型中，意愿因、极化因、结构因和共振因是研究实现湿地型组织集群化bn的基本研究逻辑。在执行逻辑上，则通过意愿分析、价值塑造、结构驱动的不断循环，围绕目标群体的“意愿”，以目标群体“势在必得、欲罢不能”为导向，持续循环，以实现最终预期。

新时代的显著特征是信息透明，个性张扬，抵触权力束缚。在追求组织目标最大化的道路上，如何让组织成员尽可能少地意识到权力约束，更多地去体验主观能动性带来的快乐，是新时代考验组织效率的重大命题。湿地型组织在a和b之间，努力淡化权力控制，而通过a平台的吸引力实现a、b、bn的共同愿望，构成事业生态，其基本逻辑就是4因主义原理。

当湿地型组织在某个环节遇到问题，其最终必然会落脚到人的主观能动性问题上，可依据4因主义模型的魔鬼三角——意愿分析、价值塑造、结构驱动去检视。

首先，看相关主角的意愿分析是否到位，是否找准了相关主角的重大价值关切。其次，围绕相关主角重大价值关切进行价值塑造，一直塑造到相关主角触达后，其意愿便足以被激发；经模拟论证足以实现让相关主角认为他对此势在必得、欲罢不能的效果。最后，就是通过结构化的方式，以多元化手段推动对相关主角的触达、深入，使相关价值成为主角可见、可知、被理解的吸引性力量。

二、创建湿地型组织文化

湿地型组织能够落实的关键，在于能够整合到足够多的经营型人才，由那些经营型人才创建组织 b，以组织 b 去链接与黏附更加细分的力量和微观用户。在人才高度稀缺的时代，想要在众多竞争性平台普遍缺乏人才的情况下，赢得 bn 集群，前提是湿地型组织文化，其核心在于“帮助他人成功”。以帮助他人成功为路径，达成平台 a 的战略目标，共同创建湿地型组织生态，核心文化是“利他自利，自利利他”的无限事业循环。

1. 赋予事业以“超越性”的意义和价值

湿地型组织文化首先要赋予事业以“超越性”的意义，如“持续为人类健康提供更优解决方案”，表达了某药业公司的发展是建立在健康服务价值基础上的，而不是脱离服务价值的竞争技巧。从供给的角度来说，是为人民健康提供更进步的诊疗康复解决方案，让医生有更优的选择，让患者享受更具疗效、更加安全的解决方案。与此同时，因为更加进步，而独具优势，进而实现竞争的胜利。其次赋予事业以“超越性”的价值，有利于帮助组织成员打开视野，站在更高视角来看待眼前的时间、难易和利益得失，支持组织成员在动机上的持久性。

2. 信用比眼睛更重要

由于湿地型组织需要重点依赖 bn 以集群化达成目标，而 b 的利益必有时间窗在 a 的控制下，因此，对于 a 来说，信用是无形价值。抖音平台通过电商平台自动化处理系统和足够的现金流，保障了 b 及其终极客户的利益，得以吸引众多 b 来抖音平台安心经营。如果抖音平台随意动用b的现金流，经常拖延对b的资金支付，便会失去信用，让bn逃之夭夭。

3. 坚持“自利利他”原则

“利他自利，自利利他”是湿地型组织的共同价值观。成功有众多定义，美好是成功的统一标准。湿地型组织成员必须懂得人生的意义是支持他人成功，组织的意义是帮助他人成功。“利他自利”是将帮助他人成功当作自己成功的路径选择。以利他、助人成功的基本心态投入事业链的每个环节，向经营型人才和顾客提供更具价值的服务，找准他们的最佳体验点，成就与帮助b及客户，则可以不争不抢而实现战略目标。

4. 保持包容、开放、互鉴、互通的风格

竞争优势是企业存在的唯一理由，实现竞争优势，唯有连续不断地创新。而创新同时意味着试错，合作必然产生摩擦。因此，a必须建立容错文化和机制，客观评价错误行为，适当处理风险损失，以激发平台a及b各组织成员勇于超越自我，持续改进，使组织永远充满生机与活力。

5. 持续树立榜样

榜样的力量是无穷的。在湿地型组织bn集群化过程中，树立榜样，以彰显a的平台价值、信用、包容以及共享最佳实践经验，有对信心的激励意义。组织即客户，组织即成员，组织即家国，组织即人生，组织即世界。创建组织与内部成员及外部环境之间关系的文化，以组织之“小我”，自觉融入环境之“大我”，打破地域、身份、边界，以统合一切力量干大事的气魄，创建无边界的湿地型组织。

三、定义湿地 a 平台吸引力

1. 平台吸引力

天鹅、丹顶鹤、野鸭、胡狼、鱼虾为什么到这片湿地上繁衍生息？因为有它们所需的条件，因为利益。为什么那么多播客、创业者主动到抖音平台上开创事业？因为符合他们的利益，且这种利益预期超越其他平台。

按照传统电商平台的认知，播客、创业者、电商如何获得流量是他们自己的事，我搭建了平台，只管收过桥钱便是。抖音平台用了不到 8 年时间，便实现了巨大超越，其不同之处在于，抖音项目不局限于提供平台，还帮助创业者获得流量。湿地型组织站在帮助创业者成功的角度来定义平台吸引力，是成功的大前提。

因为倡导合作，很多人误认为高度自觉的合作意识是人才应该具备的属性。事实上，合作是人性中的无奈之举。之所以选择合作，是因为清楚地意识到自己的力量不足以达成目标。这是由人类自私的天性所决定的。因此，人的潜意识是反对合作的；而在不得不合作时，如果缺乏有效的激励和约束，则贪婪会表现为某种力量。正向的力量是更加努力；而负向的力量是在需要拼命时选择逃避或偷懒，分享果实时则冲在前面。

管理学总希望通过某种方法，让人性的自私、贪婪和懒惰降低影响，并转化为执行力，因此，讲企业文化、讲绩效管理、讲流程驱动、讲股权激励、讲权力 - 计划驱动机制等。但是，从组织者的视角去研究管理，是难以达到预期效果的。基于人性，将组织目标转化为创业者自己的目标，在他追求目标的过程中，再给予其无私的帮助，这个过程的实现，所依靠的主要是平台吸引力。

2. 定义平台吸引力

湿地型组织要定义平台吸引力。用系统性的实质准备，回答创业者及终极用户所关心的问题：就企业而言，用怎样一系列准备来表现好企业、好企业家、好产品、好技术、好品牌、好团队、好机制、好服务等，其基本准备和逻辑足以支持创业者来此平台获得成功吗？

第一，明确湿地型营销组织的基本架构，包括组织特征、关键成功要素、关键举措和组织布局。

第二，对湿地型组织建设进行假设。明确发展逻辑，强化营销组织的大脑，以微型组织建设为导向，根据人才需求，去构建和完善平台功能体系；如果是将传统的营销组织改造成湿地型营销组织，则需要制定过渡方案，以保障组织稳定和经营安全（如图 8-3 所示）。

第三，用事业场景定义经理人，处理好经理人、微型团队和服务平台的关系。

第四，形成微型团队 b、bn 和平台服务职能相互照应、敏捷协作的组织形态。

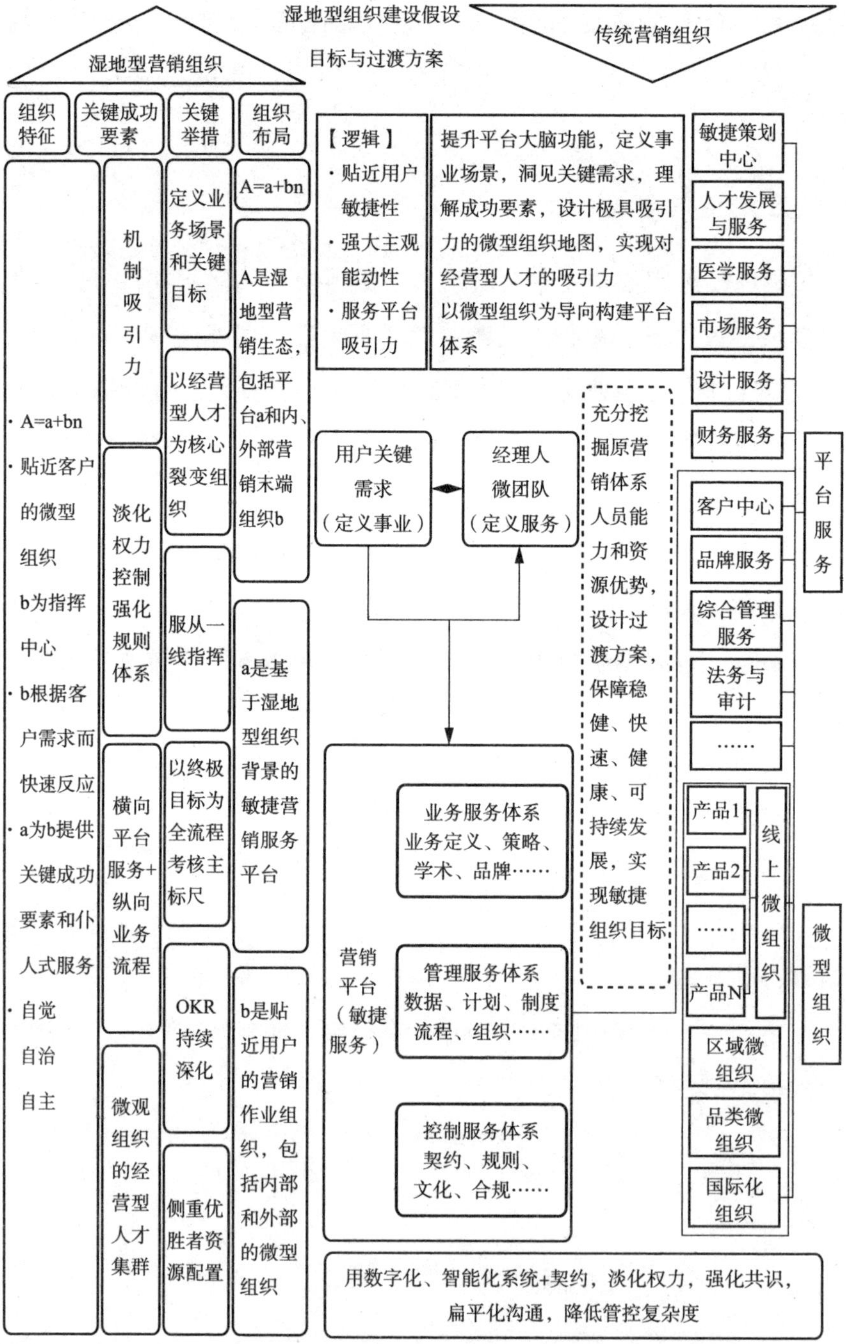

图 8–3　传统营销组织向湿地型组织转化引导模型（以医药企业营销组织为例）

四、定义湿地 a 事业吸引力

1. 事业吸引而非购买式招聘

湿地迎来丹顶鹤、大雁、野狐等众物种在湿地上创建各自的“事业”、繁衍传承，是依靠湿地的自然禀赋所具有的天然吸引力。学习湿地的吸引力，湿地型组织先要对经营型人才形成吸引力。所谓经营型人才，是指具有独立创建组织能力，并因为平台支持而有可能经营成功的人才。这样的人才，会以经理人 b 的角色，让其所创建的组织更好地实现平台 a 的相关业绩，达成相关目标。

2. 先捆绑，后依靠，再支持

传统组织对经营型人才的使用是通过人资招聘的形式，以相对确定的薪酬和授权保障对人才的使用。而湿地型组织则是通过平台 a 所定义的、对经营型人才 b 具有强大吸引力的事业项目来吸引人才主动加盟，不是靠薪资，也不是靠授权捆绑，而是靠规则、靠无天花板的发展预期、靠项目的发展逻辑吸引力，对经营型人才通过规则、契约或股权等方式实施先捆绑，后依靠，再支持，推动经理人自经营、自发展、自淘汰。

因此，湿地型组织对经理人形成事业吸引力。

3. 平台服从贴近客户的组织指挥

以医药营销组织为例，湿地型组织吸收敏捷组织原理，平台 a 主张以营销一线、经理人 b 为核心构建服务平台职能，“让听得见炮声的人呼唤炮火，把指挥所建在听见炮声的地方”，对于营销来说，就是依据最贴近客户的组织来指挥，而不是总部平台。总部平台的职能主要是为贴近客户的组织提供服务。由此，对于湿地型组织而言，以客户为中心的理念，更应该侧重解读为“以贴近客户的组织为中心”。

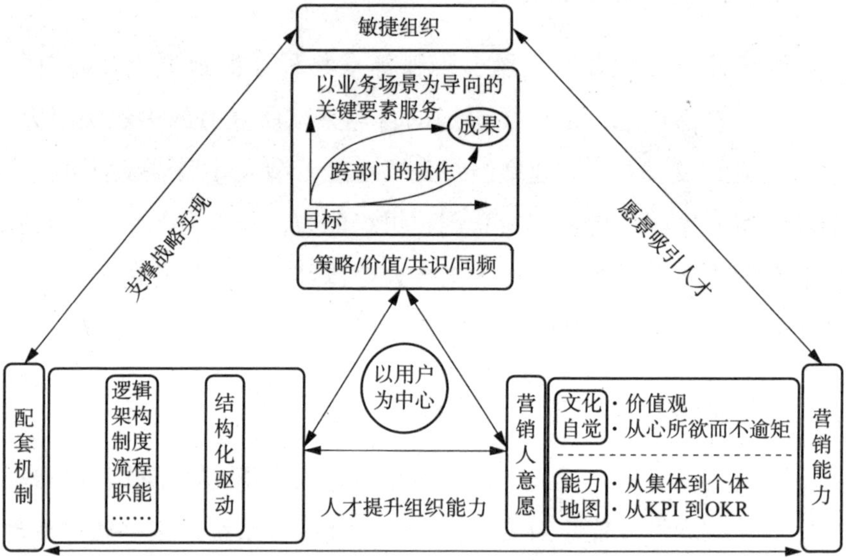

图 8-4　湿地型平台价值塑造引导模型

4. 用体系让经营型人才愿意相信

麦肯锡对敏捷组织的定义是：能够以高成效的运营模式，快速灵活地适应环境，抓住机遇、创造价值，并凝聚员工能力的组织。这里对敏捷组织的提法，更加注重以贴近组织核心绩效目标的微型组织（部门）为“指挥所”的高效服务型组织，对于营销来说，便是以最贴近客户的地方为“指挥所”，当追求精准、极具时限、灵活创新和敏捷性。

平台式服务对经营型人才吸引力的构成要件，包括信用、营销服务的敏捷性、产品或技术、合作条件等，但是，经营型人才同时会更加关注自己所创办的微型组织能力与平台的协同性、能否创建敏捷型组织。没有高效率的平台支持，再强的个体能力也难以发挥作用，因此，平台是否具有敏捷型组织愿景，对经营型人才能否成功至关重要。

5. 建设对 b 事业吸引力的 6 个预设

- 事业逻辑吸引力：定义营销的敏捷反应组织原理，设计对营销人员及营销链各环节有强大吸引力的项目标的。
- 对 b 的服务机制：基于产品和技术的用户价值属性及价值关系，预设策略的假设系统；基于预设策略，定义 b 的关键需求及关键成功要素，设计服务配套机制。
- 业务服务机制：基于不同终极客户属性，预设最小事业业务单元和管理服务体系，提供给有成功可能性的 b 以有激励效应的配套机制。
- 可无限整合的平台服务：基于 b 营销链各环节的关键需求，定义营销平台，为创造有吸引力的营销服务提供配套体系。
- 能力培育地图：定义敏捷反应组织状态目标，基于对 bn 群体的建设原理、路径、方法、机制等，让 b 感受成长的力量。
- 让管控删繁就简：设计湿地型组织目标下的“文化手册”及“规则和关键流程手册”，提供早期合约文本。

五、共识与契约

1. 共识与契约并重

湿地型组织 a 与 b 是合作关系，而非购买和授权关系。但是，这种合作的本质依然以购买和授权为重。与传统组织不同，这种购买不是通过固定薪酬和费用，而是通过共识和预期愿景；这种授权不是通过碎片化的方式呈现，而是在明确否定项的前提下，以契约的形式给予 b 相对完整的权力，给予 b 高度的经营指挥上的自由。a

与 b 的关系超越了以权力为中心驱动的主仆关系，而是倒过来，甚至主张平台 a 为 b 提供仆人式的领导力、仆人式的全面帮扶，支持 b 构建属于自己的权力。

无论怎样的组织，都不能失去控制力。湿地型组织同样如此，所有的创业者 b，都必须理解和服从 a 的战略，在 a 的战略框架下形成合力，就像抖音播主、创业者与抖音平台的关系，所有的播主因为平台对事业的价值吸引而存在，一旦平台吸引力弱化，则 b 可自由选择自己的新平台。

因此，对于 a 来说，必须高度重视平台的服务体系建设。就 a 与 b 的合作关系而言，a 的需求是 b 的经营，b 的需求是 a 的平台服务体系优势，二者相互依存，必须强化策略的共识与合作的契约。

2. 基于各种可能的模式，设计契约模板

湿地型组织 a 与 b 之间，根据项目标的的不同，可以有不同的合同版本，最终，在自组织、自经营、自负盈亏的大框架下，由 a 主导，设计合同文本；根据事业吸引力，决定双方在合同契约签订时的包容和妥协。

项目标的下的合同文本导向如下。

第一，以营销微型组织为 b 业务导向的，可倾向合伙制或公司制设计契约。

第二，以产品供应链成本为中心的项目标的，可倾向虚拟公司制设计契约。

第三，以提升运营管理为核心的管理项目标的，可设计责任中心制的项目契约。

第四，以重大技术攻关为主题的技术型项目制，可借鉴责任中心制的项目契约。

…………

3. 湿地型组织契约的九大规则

- 出钱规则：各出多少钱，怎么出，占多少股？
- 出力规则：如何分工，谁来干，谁干哪些，负什么责任？
- 分钱规则：怎么分，多长时间分，以什么形式分？
- 管理规则：管什么，谁来管，a 和 b 权力如何划分？
- 罢免及退出规则：对 b 的罢免程序如何，如何将不合格的 b 踢出去，项目进展不利时微型组织如何解散？
- 进入退出规则：微型组织成员怎么进入，怎么退出，溢价还是折价？
- 价值增减规则：创业者 b 所创立的组织股权对员工的股份价值模型设计、增减值评价标准是什么？
- b 组织员工价值增减值规则是怎样的？
- 监督审计规则：监督与审计边界如何，何时审计，谁来审计，过程监督范围如何？

4. 四个关键协议

- 合作协议。
- 保密与内部不竞争协议。
- 竞业限制协议。
- 股东或团队成员的进入与退出协议。

六、甄选项目经理人

1. 沟通体系决定吸引效果

平台 a 及微型组织 b 的事业，通过策略设计和系统假设，形成强大吸引力后，可以根据 4 因主义模型的引导，向外展示吸引力。

当拟加入的成员b伸来橄榄枝时，平台a应当进行一系列沟通设计，以确保项目b可见、可知、可理解，并产生吸引力。这背后，需要设计一系列实操技术，并形成体系，否则，即便有大量的准b联系平台a，也难以形成真正的合作意愿。

2. 根据组织资源设计门槛

湿地型组织主张低门槛或者无门槛，其微型组织设计越能批量化，越有发展力。有时，平台a缺乏足够的微型项目机会，不能容纳更多的意向型b进入，就需要对微型组织主导者设置门槛，并实施择优计划。当b拥有强烈的意愿时，可根据平台设计，甄选理想的微型组织合作人，这里也可以称为“项目经理人”。与传统组织的项目经理人不同，湿地型组织的项目经理人并不归平台组织所有，但可为其所用，如抖音平台上的播客。

3. 有卓越潜质的经理人b的基本表现

不同类型的湿地型组织事业，需要不同类型的项目经理人，其基本特征和表现包括：有共同价值观和信仰，对微型组织事业具有非凡的勇气和高度的自信；有远大的事业理想和目标追求；勇于创新，而不是程序化、官僚化；结果导向、目标性强、注重细节；爱琢磨总结、喜欢研究事物背后的规律；注重品质和品位，自我要求比较高；相对低姿态、比较谦虚，内驱力足够强；喜欢长线思考；务实、外部导向强；有激情、阳光、正向、积极，对他人发自本心关爱；等等。

七、评价微型组织b的方案

湿地型组织的理想状态如湿地，对前来创业的个体b倡导无门槛进入。如播客、创业者、电商前来抖音平台，利用抖音提供的关键成功因素创业，只需要填写相应的申请信息，评价审核流程相对简单，一般由机器人便可进行审评处理。

而对于平台资源难以标准化、批量化的企业，尤其是对独立产品设置微型组织，最终追求独立个体项目集群效应的组织而言，则需要对前来合作的经营者b进行筛选，以降低试错成本。在选择流程上，可让拟选择的经理人优先研究平台a提供的项目假设体系，然后，要求被评价者b根据自己的了解和研究，提出实施方案。

以营销项目为例，平台a对被评价者b的实施方案评价，可以从角色、方案价值属性、方案价值关系、时间与环境位势4个视角进行评价。

1. 明确营销项目方案所涉及的角色

营销方案的角色包括主导者、团队成员、渠道成员、媒体成员、购买决策者、使用者等。评价一个项目方案，首先看其方案对营销链各角色的关切程度，尤其是对关键角色；其次考察其是否有激发相关意愿的策略安排。

2. 考察对各角色的价值属性

一个项目方案，考察对关键角色的价值属性，决定了对相关角色的影响力。可以通过表8-1所示的项目方案价值的功能、情感、经济、社会和组织（企业）五大属性的15种表现维度来对方案价值进行评价。如果对营销链上关键成员的角色认知不够，则其方案所做的价值安排不足以激发强烈获得性意愿，项目就难以实施。

表 8–1　项目方案的价值属性评价维度

五大属性	15 种表现维度		
功能属性	功能可靠	应用安全	使用简便
情感属性	专业权威	信用可靠	依从依赖
经济属性	价格适宜	利润可观	增值利益
社会属性	政治正确	政策许可	社会公允
组织（企业）属性	盈利使命	品牌使命	资源使命

3. 考察基于价值属性的价值关系

无论是项目还是产品，价值属性充足是基础。同时，只有价值关系建立并呈显性时，价值属性才能转化为价值回报。项目或产品的价值关系主要包括功效关系、经济关系、服务关系、竞争关系和依赖关系。评价一个方案，主要看其与主要角色的关系如何。当某个价值关系足具竞争力时，其他关系的重要性则可以弱化。例如，一种药品与患者的功效关系达到独一无二、不可替代的程度，则经济关系、服务关系、竞争关系便不再重要；而如果功效关系普通，竞品众多，则要从经济关系、服务关系、依赖关系等方面去协同加力，以强化竞争优势。

对不同角色之间的价值关系应该给予重视。相关模型如图 8–5 所示。

4. 时间与环境位势

所有的方案都因为时限性而具有价值。一个项目方案，应当注意其设计的周期和行为的时限。有的方案将战术和战略混淆，极具迷惑性，难以转变为工作任务和目标。环境位势涉及项目和各角色的自我定位问题，也关系到竞争位置，应充分理解项目的社会价值和位势。

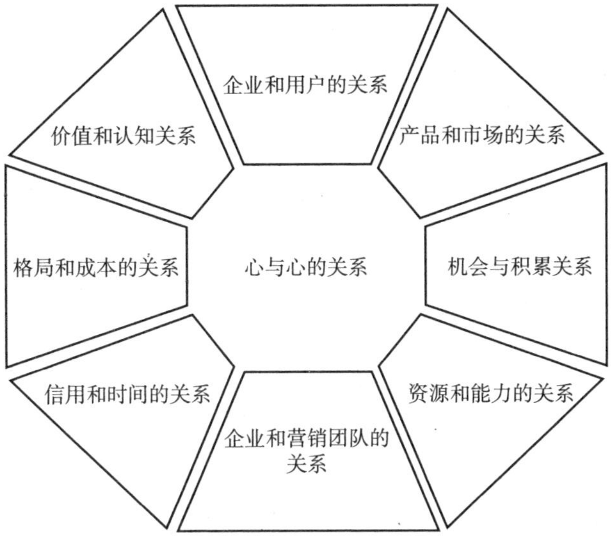

图 8-5 微型组织方案价值关系评价模型

八、为 b 提供关键成功要素

平台 a 与微型组织 b 的关系，是湿地型组织与传统组织的不同点之一。这种淡化权力、强调契约的组织，往往让组织平台人员心中产生“你的”“我的”之人为界限。有平台 a 或老板会认为，费用和利益已经通过契约给到 b 了，那么所有的责任都是 b 的，帮助 b 做任何事情都会感觉委屈。

湿地型组织与传统组织不一样，不是将微型组织 b 当成代理商、承包人，而是打开组织边界、打开胸怀诚心诚意为 b 提供关键成功要素。如果涉及动用资源，可以在执行和资源配置方面进行协商；而在内、外部关系协调，策略支持，低成本的数据服务方面，当体现无私奉献精神。如抖音平台向播主、创业者、电商充分提供他们所需的关键成功要素；对于表现优秀者，还会拿出更多资源，支持优秀者b更加成功。

因此，平台组织a在湿地型组织中，需要强化大脑功能，主要目的是洞察b的关键需求，为b提供关键成功要素，打造平台a的竞争力，以吸引更多的人才集聚。

九、过程监督与支持评价

湿地型组织的本质是组织，既然是一个组织，便不能少了控制力。湿地型组织平台a通过战略赛道的选择、设计，在契约中已经规范了微型组织b在平台赛道上的行为边界。但是，这种规则约束不能完全放任给契约。

与传统组织设立专门的监督审计机构不同，湿地型组织“以听得见炮声的地方为前沿指挥所”，其将过程监督渗透于对b的支持过程。在提供关键成功要素过程中，实时进行监督，适时给予纠正。因此，湿地型组织的各职能部门，均要成为精通业务者，而不能是局限于某个领域的专业知识者。

需要特别提示的是，微型组织b作为独享经营权力者，同样需要引导、需要塑造、需要激励，因此，只有监督和审计纠偏是不够的。作为平台a，应当以资源型领导力、服务型领导力甚至仆人式领导力为导向，培养全面管理能力，尤其是发展共识的能力和创建“即时奖惩”的艺术。

第九章

大型国有企业创建湿地型组织的策略导航

一、国有企业的优势与困境

1. 国有企业资产规模大，资源丰富，社会信用度高，效率提升潜力大

国有企业多数承续了新中国成立以来长期的发展历史，在资本、土地、劳动力、社会关系、信息数据等方面有丰富的积累，公信力高。在资产、资源、信用和品牌等基础上，国有企业可提升的效率空间很大。

2. 国有企业的资源潜力持续变大，但市场化效率不高

第一，技术积累喜人，市场化效率堪忧。

近 10 年来，中央企业投入研发经费约 6.2 万亿元，在高铁、航海、卫星、北斗组网等众多领域实现了全球领先，重大科技成果和重大工程项目惊艳世界，体现了中国特色社会主义集中力量干大事的集体智慧。但是，从经济效率角度来看，总体没有达到国家期望的目标。近年来，致力于推动国企效率提升，国企改革不断深入。整体来看，虽然在众多技术领域中国际竞争力大幅提升，但在如何提升经济效率、挖掘可持续发展潜力方面，尚未找到与国有企业资源相匹配的“灵丹妙药”。

第二，兼并重组，做大做强。

党的十八大到党的二十大期间，中央企业先后完成 27 组 49 家

战略性重组和专业化整合，国务院国资委新组建、接收 13 家企业，监管央企数量从 116 家调整至 98 家，国有经济竞争力、控制力、影响力和抗风险能力明显增强。

10 年来，中央资产规模从 31.4 万亿元增长到 81 万亿元，但是，资产收益率却从 4.14% 下降到 3.21%。显然，兼并重组，一时可以做大，但要想做强，资产收益率指标任重道远。

第三，推进市场化，改革公司治理。

从服务国家战略的功能出发，以重组整合为重要抓手，注重坚持以市场化原则来推进。创建中国特色的国有企业现代公司治理，力图按市场化机制运营。“十四五”期间，希望通过实施国企改革 3 年行动，全面完成公司制改制，让 3.8 万户国有企业实现董事会应建尽建，权责法定、权责透明、协调运转、有效制衡的治理机制。

这里强调的是明确责任、有效制衡，但是，激发员工活力、充分调动员工主观能动性，尚需要创新举措。

第四，促进科技创新，强化人才培养。

在科技、效率、人才、品牌四大关键领域下功夫，致力于加快健全有利于科技创新的体制机制，着力解决制约企业科技创新的机制、投入、人才、转化等突出问题，进一步强化企业创新主体地位，共建良好创新生态。

目前，国有企业待遇普遍优于民营企业，使得毕业生将进入国有企业作为就业的“宇宙尽头”，千方百计向国企挺进。国有企业既要承担提质增效稳增长的任务，又要担当稳增长、稳就业、稳物价的使命。稳定和保障性，带给国有企业员工的心态及企业行为和民营企业有所不同，效果日益体现在资产收益率上。

3. 中国国有企业的组织困局

国有企业是国家的。国务院国资委成了国有企业所有权的唯一代表。截至2020年底，中国国有企业及控股企业职工总数为2664.4万人，其中仅大型央企便有98家，控制着409家上市公司，员工总人数超过2000万人。以国务院国资委为驱动力中心和原点的国有企业，要让如此庞大的人群做到国家希望的样子，实现想要的目标，其结果有可能是到处抓却抓不全、抓不牢、抓不住。

从高管到普通员工，从风险和权益的角度来看，个体与企业产权之间缺乏天然纽带。国有企业的运营凭借的是资源的置换和权力的驱动，从人性的角度极端地去看，没有人真正有资格为国有企业产权的保值增值承担义务。长期以来，中国共产党的使命愿景和价值观，对推动国有企业发展发挥了重大作用。从人性和企业属性的角度来说，面对私欲和利益的巨大诱惑，仅靠文化精神，较难保障近3000万员工的主观能动性，其最终表现是企业各种矛盾交织的困境。如何打破权力授权和员工主观能动性之间的悖论，是中国国有企业走出困局的原点。

二、中国国有企业面临的六重挑战

1. 持续通胀、宏观政策紧缩、经济增长速度放缓

随着经济增速放缓和滞胀的风险加大，消费低迷，资本与资产效率持续下行，面对更具挑战性的大环境，倒逼国有企业主动创造新消费、发展新客户。

2. 后新冠疫情时代，地缘政治日益复杂，国际化面临重大挑战

后新冠疫情时代，世界各国普遍受经济下行影响，世界日趋分化，各国纷纷封闭自保或选边站队，导致国有企业国外市场不确定

性增强，客户数量缩水，倒逼国有企业对创造客户的动力做出调整。

3. 外商投资机制更加宽松，外企对国有企业竞争加大

2023 年 8 月 13 日，国务院印发《关于进一步优化外商投资环境 加大吸引外商投资力度的意见》，要求充分发挥我国超大规模市场优势，更大力度、更加有效吸引和利用外商投资；支持外商平等参与标准制定、平等享受支持政策，落实外商投资企业相关税收优惠政策等。国有企业在国内市场成为信用的代表，老牌外资企业进入中国，必然与国有企业争抢信用流量，提示国有企业必须尽快创新发展策略，以继续保持市场发展优势。

4. 脱碳挑战

中国政府提出力争在 2030 年前实现碳排放达峰，努力争取 2060 年前实现碳中和，脱碳被认为是中国经济转型的助推力量，优先受益的应该是国有企业。向低碳经济进行重大转型，其重心必然在于扩大服务业比重。尤其是发展低碳、高附加值模式的现代服务业、高科技产业和数字经济，并推动当前能源密集型行业升级改造以提高能效。但是，低碳服务业创新以个体创新集合为表现，需要提高员工主观能动性。从个体活力和组织活力的角度来看，如果国有企业没有员工主观能动性创新，脱碳将构成重大挑战。

5. 网络风险

国有企业承担国家安全使命，对社会稳定发挥重要作用。随着数字化、智能化在市场中的地位越来越高，网络和数据安全问题给国有企业带来重大挑战，对决策和发展产生掣肘。如何通过组织化创新，让网络风险缩小为更加可控的“微点”，是国有企业不得不重视的重大命题。

6. 从工业 4.0、劳动力 4.0 到客户 4.0

工业 4.0，也称“第四次工业革命”，是指将先进的信息技术与制造业相结合的一场全球性变革。工业 4.0 所需要的数字化劳动力，被称为“劳动力 4.0”，劳动力 4.0 的特点是具有数字化能力和超强的自我意识。而数字化服务系统与客户融合，构成了客户 4.0，客户 4.0 的特点是客户主动被数字包揽消费。客户 4.0 的主要表现是客户因为数字化而与供给侧融为一体，大大增强供给侧的客户黏性，使客户变得部落化。

国有企业可以凭借优厚的待遇优先实现劳动力 4.0，但是，数字化与客户消费的融合，更加依靠服务人员与数字化工具融合，为客户提供数字化个性服务，数字化、智能化技术固然重要，但同时更加需要人的主观能动性，需要个人品牌的深度融入。显然，这种状态与当下国有企业倡导的集体主义价值观有一定程度的冲突。

所有来自外部的挑战，最终都需要来自内部的组织成员去破解。人的主观能动性对资源、资产、信用、信息均具优势的国有企业来说，是破解外部挑战的核心。近年来，国务院国资委致力于通过组织机制创新，强化管理层的主观能动性。结合国有企业的特有属性，推行湿地型组织，是值得尝试的国有企业组织突围路径。

三、国有企业实施湿地型组织模式的原理和依据

1. 国有企业发展的前提和基本原则

第一，国有企业必须坚持党的领导。国有企业是国民经济的主导力量，是社会主义经济的重要支柱，也是党执政兴国的重要支柱和依靠力量，必须坚持党的领导，坚决听党话、跟党走，坚持和完善中国特色现代国有企业制度，必须突出党的领导地位，不断推进

国有企业治理体系和治理能力现代化。

第二，国有企业的经营行为目标必须是实现国家和人民利益。国有企业经营行为的出发点必然是国家意志，这是毋庸置疑的产权规则。国有企业的制度使命是国家和人民利益。

第三，国有企业必须真正成为市场主体。党的十四届三中全会确立了建立“产权清晰、权责明确、政企分开、管理科学”的现代企业制度的国有企业改革方向，使企业真正成为市场主体，追求“高标准”、创新“高水平”、发展“高质量”。

第四，国有企业改革必须在“盈利性使命”与“公共政策性使命”之间寻求最佳契合点。国有企业既要追求盈利性，保证自己不断发展壮大，从而实现主导地位；也要弥补市场缺陷，服务公共目标。

第五，国有企业改革要实现资产保值增值、壮大国有经济，同时又不能损害市场公平和效率。

2. 国有企业改革发展的指导方针

党的十八大报告指出，“要毫不动摇巩固和发展公有制经济，推行公有制多种实现形式，深化国有企业改革，完善各类国有资产管理体制，推动国有资本更多投向关系国家安全和国民经济命脉的重要行业和关键领域，不断增强国有经济活力、控制力、影响力”。

习近平总书记指出：“重大改革都是牵一发而动全身的，更需要全面考量、协调推进。”深化国资国企改革要求我们正确把握监管、实施、服务等关键主体的层次性和协调性；处理好国有企业加强党的领导和党的建设、健全市场化经营机制、转型国资监管体制等子系统之间的关系；统筹布局国有经济产业结构及其改革推进方式，确立总目标、找到总抓手。

习近平总书记在长春对两家企业的考察过程中反复强调：“深化

国有企业改革，要沿着符合国情的道路去改，要遵循市场经济规律，也要避免市场的盲目性，推动国有企业不断提高效益和效率，提高竞争力和抗风险能力，完善企业治理结构，在激烈的市场竞争中游刃有余。”

3. 国有企业改革举措的关键点

国有企业改革，已经关注到员工主观能动性问题，提出了包括混合所有制改革、员工持股、国务院国资委的职责、央企的划分和分类施策等内容。检验国有企业改革举措的衡量标准，包括效率、效益、控制力等，但根本性的只有一条，那就是调动了员工怎样的主观能动性。

4. 国有企业推行湿地型组织的原理

湿地型组织原理的要点在于以“利他自利”原则最大限度地调动组织成员纯粹的主观能动性，如私营企业一般操心所属项目的经营活动。

自利是目的，利他是路径，以利他的路径实现自己的自利目的。其要义在于以支持经营型人才成功为手段，通过提供经营型人才创新创业所需的关键成功要素，发挥服务型和资源型领导力，帮助经营型人才成功而实现组织更大的成功。湿地型组织以吸纳和支持经营型人才为要义，打破组织边界，尽可能多地提供机会，形成以经营性人才为核心的项目集群。

国有企业资源、资本、项目或产品丰富，考虑到国有企业的控制度和经营安全，可以优先选择不影响主体资源、资产安全的职能，如研发项目和产品营销，通过构建研发人或者产品营销经理人最关切的关键成功要素，来吸引企业内、外部人才；通过契约而不是授权，去释放该研发项目或产品的全部运营权，调动相关核心人员及团队纯粹的主观能动性。

在这个过程中，总结、探索、提升对细分领域经营型人才的服务能力，创建湿地型组织运营管理体系，逐步扩大湿地型组织的使用范围。

四、国有企业实施湿地型组织模式的要点和路径

1. 重新定义国有企业的组织使命

经营型人才是实现资源价值转化的基础驱动力。在保留和强化企业的社会责任、国家使命和发展目标的基础上，增加国有企业对经营型人才的服务功能和使命。定义国有企业资源是用来支持经营型人才成功的。当然，这种经营型人才，首先要满足客户价值属性和社会价值属性，但没有组织边界，可以来自企业内部，也可以来自社会。肩负服务型和资源型使命，意味着国有企业将经营型人才当作第一客户。

2. 基于湿地型组织理论，可变阵为章鱼型组织

章鱼的特点是主体臃肿，但储存足够的能量，与各腕足进行充分的能量交换。章鱼的腕足非常发达，可以进行各种与外界交互的作业活动，包括交流、攻击、捕猎、逃避等。国有企业可以凭借湿地型组织原理，保持目前主体状态不变，在最贴近目标变现的环节，如营销的客户服务、研发的前沿攻关，推行湿地型组织模式。

3. 选择对国有企业资源影响较小，但需要极强主观能动性的职能位点尝试湿地型组织模式

稳妥起见，暂不全面推行湿地型组织，而是优先选择与企业资

源相关性较小的职能环节，作为开发经营型人才事业的位点。例如，贴近客户的职能，以单产品或独立区域市场为纽带，吸引经营型人才创建公司或项目。又如，研发项目，将前沿性难点作为项目内容，吸引经营型研发人才创建公司制项目组。

4. 定义和建设关键成功要素

和一般意义的大包不同，国有企业当发挥策划、制度、流程、品牌、资源协调、政策引导、财务、后勤服务等方面的优势，根据经营型人才创业或独立经营项目所需的关键成功要素，全面地准备，以便满足对方不时之需。

5. 放弃权力，只负责必要的支持和监督

以服务为本，而不是施加权力影响。给予经营型人才全部运营权，不干预，无明确需求，不指导，通过契约让项目自管理、自经营、自淘汰或发展。

6. 建立独立项目孵化部门

可以引进外部力量，依然是按照湿地型组织原则，设计吸引经营型人才的项目。这些外部力量，本质上是为经营型人才服务的，主要在经营型人才创建的事业中获得回报。实施早期，企业可以粗放一些，通过建立微型组织，倒逼优化服务平台，形成从平台到微型组织，再从微型组织反过来促进平台优化的良性互动循环。

7. 以营销业务为例，可以先以销售公司或营销中心为平台实施湿地型组织模式

国有企业可以成立全资控股的营销子公司，承载营销业务的全部或部分。以营销子公司为湿地，塑造单品策划能力、品牌能力、

数据分析能力、财务管理能力等，将众多品种或市场区域独立为特定的项目，明确公司应有的底价或利润率，制定规则，吸引内、外部经营型人才担任项目经理，给予其独立的、完整的经营权，并根据需要，给予该经理以关键成功要素支持。为实现远离权力控制的服务，可以与经营型人才共同建设有限合伙企业，经营型人才作为普通合伙人，掌握有限合伙企业的经营权；也可以通过合同约定经营权的方式，成立营销子公司下的项目公司，确保经营型人才的经营权。

五、国有企业实施湿地型组织模式的效果展望

1. 让国有企业关键业绩环节更具活力

国有企业湿地型组织在管理认知上，从直接督促业绩，向为经营型人才创建事业转化。在企业经营的末梢或前沿环节，形成若干事业集群，而事业集群的成果，汇集成企业的业绩效率。业绩崛起，全盘复活。

2. 通过要素支持等服务职能的建设，提升国有企业综合能力

能力是让资源和资本转化为市场价值的内在要素。能力不仅依靠主观能动性，还要在实践中迭代优化，主观能动性是前提。在不影响国有企业传统结构的前提下，通过增加低成本的服务力量、关键环节的执行力量，在主观能动性的基础上，会倒逼企业增力提升。

3. 从企业贴近用户或科技前沿的末梢部分入手，改变认知，逐步体验湿地型组织的原理和操作价值

可以逐步深入企业内部各职能部门，逐步做到各职能部门独立

经营，相互协作。如质量部，可以以成本和质量部固有使命为原点，设计湿地型组织项目，打开中、长期激励的大门。

4. 有机会吸引社会力量利用国有企业平台创新创业

社会不乏能人。但众多有创新创业欲望和能力的人，因为资源匮乏，而长期低效前行。如果有方法帮助能人创业，则能带来共创共享的最佳实践。若国有企业效法湿地之无差别服务、资源供给、业态共生，则有机会在自身赛道或供应链上，吸引更多的力量，共同为市场服务，快速激活市场，提升业绩。

5. 具有社会文化价值

湿地型组织是开放的。它宽阔包容，机制共生，不拒绝任何投奔者，只要合乎彼此要求，便可以整合共建湿地型组织；同时，湿地型组织有自己严格的秩序，在为外部组织提供关键成功要素上是有建设性的、有竞争力的。所有的湿地型组织都有自己的文化属性和共识，它打破了以权力为中心、人为的组织壁垒，与外部发展环境和谐统一，相互赋能，相互促进，共同发展。湿地型组织模式，是属于未来的杰出管理模式之一。

六、大型国有企业推行湿地型组织模式需要注意的问题

1. 树立湿地型组织的文化认知

湿地型组织是一种打破组织边界，为经营型人才提供关键成功要素，通过帮助经营型人才成功而实现组织目标的组织类型，其根基是“利他自利”的文化。这种文化的源头是将经营型人才当作关键客户，创建让经营型人才获得成功的关键成功要素平台体系。

2. 强调定义和打造支持经营型人才的服务体系

经营型人才重视经营标的。国有企业资源丰富，尤其是产品线丰富。实施湿地型组织模式，要基于资源和产品，定义项目，定义关键成功要素和服务体系。不是经营型人才追求国有企业的机会，而是国有企业凭借一系列有竞争力的服务，吸引经营型人才前来创新创业。

3. 小切口尝试，逐步扩大适用范围

消除国有企业以自我为中心的理念，为经营型人才建设服务体系，提供系统化服务，既要克服惯性思维，也要注意规避利益输送的嫌疑。因此，在推行的过程中，应当从企业末端开始，小切口尝试。建议选择边缘化产品或项目，或者长期做不成的事项，有既往数据做标尺，便于衡量湿地型组织下的项目变化，实证效果。待企业形成湿地型组织共识，再逐步扩大湿地型组织适用范围。

4. 打破组织边界，面向全球吸引人才

经营型人才是创建微型组织的核心。一个项目追求效率的关键是在项目上拥有经营型人才。一个产品，便有机会成就一个卓越的市场，占据中国乃至全球市场数一数二的优势地位。多个这样的产品或项目，便有机会成就一个企业的高组织效率和高回报率。企业能够打破组织边界，面向全球吸引人才，给其相应成就性项目，是提升国有企业资产回报率的有效途径。

第十章

上市公司创建湿地型组织的策略导航

一、上市公司与湿地型组织匹配度高

1. 上市公司具有高效的融资通道

上市公司融资通道通畅。快捷的资本通道有利于支持创新，创新有利于上市公司市值的提升。创新和企业市值相互促进，形成良性循环，有利于上市公司扩大产业布局，助力做大做强。

2. 上市公司相对而言经营活力强、风险偏好高

上市公司的经营活力，来自上市公司市场化导向的自由机制。只要有利于企业发展，上市公司的创新策略就容易实施，也因此表现出更高的风险偏好。

3. 上市公司产业基础配套良好，产业体系较为完整，有利于培育新经济

上市公司基于资本便利，在产业基础方面进行重磅投资，通过自己建设和投资并购相结合等方式，形成了研发、供应、生产制造、市场化、客户服务一体化的产业体系，有利于新经济的培育。

4. 上市公司集中度高，有利于人才流通和跨界融通

近年来，在地方政府的扶持和引导下，上市公司在少数区域、园区的集中度持续提升，有利于人才的流动；同时，小区域多产业

的上市公司集群之间的人员流动，有利于跨界创新。

5. 上市公司集中化造成的不平衡，为上市公司开拓市场带来新机会

上市公司集中化趋势可能导致其他地区的企业流失，造成区域经济不平衡。但是，上市公司的资源、资金、项目，结合落后地区的政策，为产业扩张提供了新机会。

6. 上市公司对业绩增长要求更高

上市公司有快捷的资本通道，资源丰富，经营的灵活性强。由于上市公司承载着投资人的高资本回报期待，投资人对其企业市值、股票价格的关注度会更高，其背后逻辑是企业的业绩曲线。融资通道、风险偏好、创新、业绩、产业基础等各种有利条件，方便经营型人才依托上市公司创建高效率组织；上市公司平台也有更多的条件和资源，方便为经营型人才创业提供优质平台服务。

二、外部发展环境对上市公司提出新挑战

1. 第四次工业革命对上市公司提出新要求

先进的信息技术与制造业相结合，引发了全球化新型工业变革浪潮，企业借助新技术，纷纷抢滩工业 4.0，但面临着数字化劳动力匮乏的问题。同时，信息化新技术与社会生活方式高度融合的结果，催生了客户与数字化融合的新生活方式，信息高度透明，用更加自由、自我的方式获取生活资料，使得传统工业化与员工之间，在员工数量、质量等方面均出现了错位。社会出现了失业严重和企业缺员的矛盾现象，其本质是企业未能及时对组织做出调整，不能适应新时代员工的需求。

2. 企业在低回报、慢增长的大环境中寻求高速发展，更具挑战性

当前正在风头上的上市公司，多数是在全球经济过去的黄金30年中成长起来的。好风顺潮高扬帆，有时某个方面做对了，企业就会赢得高速成长。习惯了既往成长模式的企业，在当今持续通胀、宏观政策紧缩、经济增长速度放缓的大环境下，想要突破长期形成的成功惯性，跃升至与新环境相适应的高质量发展路径，需要从认知上进行彻底革命。

3. 国际市场选边站队，对分（子）公司经营的灵活性要求更高

新冠疫情尚未远去，地缘政治日益复杂，全球各国市场选边站队，为了利益不惜牺牲信用，朝令夕改，朝秦暮楚，使市场国际化面临重大挑战。对于上市公司来说，开拓国际市场，对负责人的要求更高。

4. 国内市场面临新挑战，在慢节奏中“躺平”的结果必定是出局

在国际大环境充满不确定性的背景下，我国坚定改革开放路线，持续加大对外商投资的政策吸引力。外商带来前沿技术和先进管理理念，意味着对人才、市场和客户的竞争，给国内市场的上市企业带来有关人才、资本、客户、市场等方面的综合挑战。

三、上市公司面临的根本问题是员工的主观能动性问题

1. 上市公司高质量发展已经成为国家重大关切

2020年，国务院出台的《关于进一步提高上市公司质量的意见》（国发〔2020〕14号）指出，上市公司是资本市场的基石。提高上

市公司质量是推动资本市场健康发展的内在要求，是新时代加快完善社会主义市场经济体制的重要内容。国家政策引导规范公司治理，强化上市公司内部控制，增加上市公司信息透明度，促进上市公司对股东的公平，强调股东大会、董事会、监事会、经理层依法合规运作，董事、监事和高级管理人员忠实勤勉履职，独立董事、监事会发挥应有的作用等举措。

站在业绩和资产回报率角度来看，这些举措会让公司变得规范，但不能回答如何提升客户吸引力、增加公司业绩的问题。

2. 政策强调公平，而上市公司的关键在于组织效率

现代企业的公司治理固然重要，对投资人的公平性监督也不能缺失，但是作为资本上市公司，承担的主要压力永远是业绩、是增长。为了实现增长，有公司过早、过度地动用公司资本信用，通过融资、投资并购的方式实现加和业绩。虽然财务年报会一时数据亮眼，但是由于上市公司不能解决员工主观能动性和创造力的提升问题，即便将良性资产整合进来，很快也会因为管理效能的同化滑向低效率通道。

3. 缺乏有效的组织模式，规模越大效率越差

组织模式的前提是组织文化和商业模式，其根本是组织文化。一家拥有低效组织文化的公司，随着上市公司规模持续做大，企业管理层级增多，人浮于事的现象便更加普遍，官僚主义作风泛滥，管理效能持续下降。资本市场的成功可以掩盖一时，但早晚会因为业绩不理想而爆雷。

4. 股权激励不是“灵丹妙药”

2020 年 9 月，苹果公司的 CEO 库克合同到期。为了鼓励库克续约，苹果公司董事会给予他 333987 股限制性股票。如果业绩达

标，库克还将额外获得667974股股票。苹果公司为了挽留这位能人，让他可以任职到2025年，给出的股票数量按当时的价值，约合人民币7亿~8亿元。这些年，股权激励在江湖上传说很多，颇具诱惑力。于是，便有公司为了留住员工、提升效率，将股权激励当作法宝。对于上市公司来说，好比把农民未来开荒、种地获得收益的一部分当作奖励，农民若做到了，这奖励生效，做不到就不生效，属于“成本极低”的挽留人才的手段。随着市场认知的逐步提升，越来越多的员工面对股权激励时变得理性。毕竟股权激励的受益人依然在集体中。集体的效率决定了股权未来变现的价值高低，对于大锅饭型组织，股权激励的结果依然解决不了员工主观能动性问题。

企业的根本目标是利润。在低增长、高竞争的大环境下，企业利润更加依赖体系加个体创新所实现的综合效应。对于企业来说，没有结构化优势体系做支撑，仅靠少数优秀个体，很难支撑长期高增长；仅注重体系的构建，而缺乏对个体主观能动性的激发，更不要指望体系转化为价值。员工的主观能动性在组织中的意义越发重要。

四、上市公司实施湿地型组织模式的理论基础

1. 工业化对组织的影响

马克斯·韦伯被称为“工业化时代的组织管理学之父”。韦伯认为，工业化时代的企业人总是试图以最小的努力赚取最大的利润，而隐藏在这个倾向背后的观念，便是认为工作是一种罪恶、一种应该避免的负担，尤其是当工作超过正常的量时。因此，工业化时代的员工在贪腐、偷懒、怠工等方面具有天然属性。而管理学总是试图通过某种控制手段，让员工表现出自觉的奉献精神。韦伯总结管理风格，提出了3种基于权力的控制形式，包括魅力型支配（家族和宗教）、传统权威支配（宗主、父权、封建制度）及官僚型支配。

在韦伯看来，任何一种组织都必须以某种形式的权力为基础，才能实现其目标，只有权力才能变混乱为有序。以权力为基础的组织，应该有确定的目标，必须实行劳动分工，必须具备等级制度，人员关系是指挥和服从的关系，每个职位的人都是经过挑选的，所有的管理人员都是委任而不是选举的，所有者和经营者分开，考核与激励兼用等。受韦伯思想的影响，现代企业致力于通过公司治理和绩效管理保障员工的主观能动性。随着信息化和数字化的持续深入，信息的透明倒逼企业参与对人才的竞争，其结果是人才对企业的不确定性越来越多。

2. 中国古人的组织观

事实上，试图以最小的努力获取最大的回报，将付出视为罪恶、逃避责任，并不是工业化时代独有的特征，而是古来有之、从未改变的人性。因此，老子指出“反者道之动”。既然人性是贪婪、自私的，那么，以满足人性的贪婪和自私为路径导向，去实施治理，则是成功的大规律。于是，老子指出“既以为人，己愈有；既以与人，己愈多”，即无论是个人成功还是组织成功，其背后的大逻辑都不是优先满足自己的人性。大家都去致力于满足自己的人性，那结果必是竞争。对于高智商的人来说，通过满足别人的人性，从而调动别人的主观能动性，集合他人的力量，来实现自己的目标，所产生的效应则是和谐、协同和共创共享。《管子》总结前人的成功经验，提出“明一者皇”，即主张组织将心比心，打破组织边界，与天下人形成广泛的协同。这需要文化的影响力，但首先需要的是组织者的理念和行为，让天下力量认识到，这里能实现其人性私欲，从而对其进行适当引领，形成“自利利他”文化。

3. 微型组织的权力与效率关系

通过研究管理学和观察实践可以发现，众多组织在初创期，都是以权力为中心的，这与创始人的精力、专业、专注密不可分。随着企业做大，很多企业逐渐脱离了创始人的控制，让组织效率持续下降，进入了大型组织的病理状态。大企业想拥有初创型企业、小微类企业的效率，如何让关键作业单元成为经营型人才自己的事，是值得关注的战略命题，而不仅仅是组织命题。

4. 信息化和数字化对组织的影响

信息化和数字化日益深入社会各领域，给组织带来的重大挑战是信息差越来越小。通过垄断信息实现组织权力变得越来越难。失去信息的垄断权，权威性则变得脆弱，通过权力来主导组织的行为开始失效。上市公司尽管拥有庞大的资源、快捷的资本通道、系统的产业基础，但是市场化能力往往比不过个体户。除非拥有持久的技术垄断，否则，市场竞争优势难以保持。而在数字化、智能化时代，想要保持技术垄断越来越难。因此，企业不得不探索权力基础上去权力化的新型组织模式。

5. 以权力为基础的去权力组织原理

权力对组织来说是一把“双刃剑”。组织失去了权力，便成为乌合之众。组织过度依赖权力，则缺乏活力，僵化死寂。湿地型组织倡导 A=a+bn 的组织模式，其中，在 a 和 b 之间，主张尽可能淡化权力，强调共识和契约，a 尽可能帮助 b 建立权力、巩固权力，提升基于权力的领导人驱动效率。

A 是 a 的未来理想化组织。a 为了实现 A 的发展目标，致力于在传统组织基础上，吸纳经营型人才，构建子组织 b。通过契约，以尽量远离权力的方式为 b 赋权，帮助 b 成功。b 因为 a 的支持，再次赢得权力，两个不同权力主体，为共同的目标而奋斗。借助以 b 为核心的微型权力组织，而赢得高效率。这种高效率的集群化，共同促成了 A 的高效率和卓越业绩。

五、上市公司实施湿地型组织模式的事业逻辑

1. 资源、机制和赋权

凭借上市公司丰富的产品线、研发基础、产业体系、资本通道、品牌、信用等有形和无形资源，为经营型人才提供创业意愿下所渴望的事业基础和发展环境，构建有竞争力的、对经营型人才具有强大吸引力的发展机制，在战略导向和契约框架内，尽可能降低对经营型人才作为经理人的权力约束，给足经理人（经营型人才）自经营、自发展、自负盈亏、自淘汰的经营自由。

2. 以经理人为第一客户

以经理人事业成功为导向，上市公司跟踪和理解经理人在事业过程中所需要的关键成功要素。将经理人当作第一客户，以经理人的独特需要为导向，搭建对经理人事业有帮助的服务体系和平台，为经理人赋能和保驾护航。

3. 规避管理控制的困难

上市公司在难以控制，且需要发挥员工主观能动性的职能或业务类型上，优先实施湿地型组织模式，通过创建一个个湿地型组织，构建湿地型组织集群，实现业绩增长点集群。

4. 整合个体纯粹的主观能动性

湿地型组织下的经理人属于个体驱动型组织，更具效率，更具活力，更能实现纯粹的主观能动性。

5. 如果不擅长搏杀，那就踏踏实实为“刀客”提供服务

很多企业的问题在业绩变现环节、在目标变现环节。如果将企业

事务区分为投资性事务和利润回报性事务，那么征地、建设、设备购买、组织建设、研发基础构建、产品生产等各个需要投资的环节，都可以作为投资性事务；而通过与客户深度接触来实现价值转化以及研发成果变现等与企业业绩关联性强的环节，则可视为利润回报性事务。

上市公司往往以融资能力为前提，在投资性事务方面做得很好，如建设漂亮的厂房、拥有先进的设备、招募学历顶尖的人才。但是，在市场营销或研发环节，则难以调动员工的主观能动性，导致执行力不强，好产品卖不动，业绩不理想。

上市公司如果不擅长市场营销，或者营销长期达不到效果，成为业绩增长的瓶颈，则上市公司可以考虑湿地型组织。上市公司专注发挥投资性事务优势，为经营型人才创建事业提供关键服务，充分调动其主观能动性，以便在利润回报环节实现高效率。

六、上市公司湿地型组织模式的实施路径

第一，充分理解湿地型组织原理，建立运营共识。湿地型组织的关键在于对经营型经理人的事业吸引力和感召力。上市公司吸引经营型经理人的目的在于解决主观能动性问题。管理层长期对哪个环节员工主观能动性不满意，都可以思考和推动实施湿地型组织的运营共识。

第二，选择优先尝试湿地型组织的事项或职能。适合湿地型组织的事项和职能有四大特点。①便于定义：边界清楚，可量化，可评价，长周期。②难以控制：执行过程中对员工主观能动性依赖度高。③发展无上限：事业空间大，对经营型人才发展有足够的空间诱惑。④竞争性强：创新决定竞争，达成目标对企业发展具有决定性，如研发和营销。当然，在平台具备服务能力的前提下，企

业任何职能和部门均可以湿地组织化，如质量、生产部门，可以依据成本节约、规范化、资源和竞争性等维度，来设计相应契约标的。

第三，定义事业，提供初级策略。湿地型组织建设早期，公司的组织变革方向尚不被理解。这时，可以做样本。比如，制药公司可以选择具有独特性、功能优势显著、市场空间大的产品，拿出来作为事业项目，并对这个事业项目提供初级策略和机制。当这个初级策略和机制对经营型人才产生足够吸引力时，便可以面向企业内部和外部同时招募揭榜者。

第四，理解独特需求，用服务兼顾监督。针对经营型人才（经理人）事业的关键需求，提供相应对策和服务。①弱化权力，强化契约，给经营型人才充分经营裁量权；②理解经营型人才的关键需求，在辅助职能上给予全面支持，如财务管理、社会关系引荐、物流仓储，甚至品牌和渠道等，将经理人事业当作自己的事业一样支持；③支持实施监督，确保对主体公司没有负面影响。

第五，强化契约标的，理解可能的风险。科学设计契约标的，充分考量投入和机会风险。湿地型组织有其致命风险，主要表现在所托非人。也就是说，对经营型人才选择错误，不但会使对项目的投资彻底成为沉没成本，还会浪费机会成本，损失时间端口，在关键目标上对整体战略造成诱导性的负面影响。风险显而易见，看起来很严重。事实上，任何组织模式都存在类似的风险。湿地型组织早期选择项目标的时，应侧重边缘化项目，即有它不多，没它不少。一旦这个项目做成，将会给公司带来重大利好。

第六，事项可以是单产品事业、区域市场事业，也可以是某个独立项目，公司在湿地型组织建设方面完成了服务后，则可以全面探索湿地型组织提升整体效率的适用范围问题。

第七，湿地型组织可以按子公司的方式运行，也可以按模拟公司的方式套用项目制的流程。

第八，对经理人的激励包括基础事业架构、服务支持、经营利润回报、费用节省回报、项目市值变化回报、市场资源回报、团队回报、品牌回报等。

第九，运用数字化和智能化方法，搭建湿地型组织服务平台，逐步放大经营型人才互动空间，从企业内部向全球广开大门，以事业吸引力整合人才。

七、上市公司湿地型组织的基本架构

第一，以营销为样本的湿地型组织架构示意如图 10-1 所示。

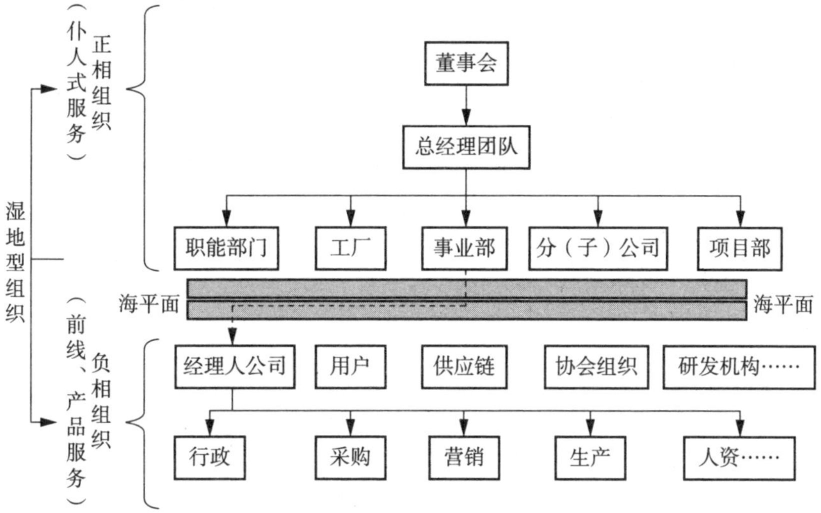

图 10-1　湿地型组织架构示意

第二，正、负相组织架构。正相组织，即上市公司，是显性的；负相组织，即基于正相组织而建设的经理人团队或子公司，对外以上市公司的名义开展工作，其属于独立组织，这种组织形式有可能是隐性的。但是，这种隐性组织享有独立的经营权，尤其是其经理人（经营型人才），在与正相组织签订的契约范围内享有全部运营权利。

第三，上市公司在创建湿地型组织早期，可以事业部的名义，搭建对负相组织的服务平台。根据负相组织的经营需要，提供关键成功要素。

第四，负相组织定义为经理人团队或子公司，在契约中明确经营权。负相组织依托上市公司平台，所成立的独立子公司或经理人团队，即图 10–1 中的经理人公司。经理人公司组建必要的业务和职能部门，自主开展业务。

第五，和传统组织以权力为中心、总部驱动有所不同，湿地型组织在战略、文化、目标、资源配置等共识下，以经理人为中心，远离总部权力约束，独立实施微观权力驱动。湿地不言而万物生。湿地型组织通过帮助经理人创建一个个业务小团队，确保了经理人的主观能动性，相当于找回了创业早期的企业活力。由若干个经理人各自开展业务，对于上市公司来说，会形成业务集群，也就是增长点集群。上市公司根据各增长点的自我孵化程度，选择性支持，创建公司新的战略赛道或增长点。

八、上市公司实施湿地型组织模式需要重视的问题

1. 文化先导

湿地型组织是一种组织模式，更是一种文化模式。企业应当意识到，经营型人才，也就是经理人是公司第一客户。在公司战略框架下，围绕经理人的欲望及其对成功的渴望，给予相应支持，让经理人群体成功，应该成为一种公司文化。为了发展湿地组织文化，上市公司应恪守契约精神，保持良好的信用。

2. 淡然相助

湿地生态的典型特征是允许各物种自由发展。习惯权力驱动和管理控制的组织，如果想构建湿地型组织，要始终克制自己的支配欲望，保持平常心。经理人团队做好了，乐享其成，不眼红经理人组织的成果，不以支配地位便利横刀夺爱；经理人团队做不成，或某个阶段做得不好，要始终作为旁观者角色，不指挥、不建议。除非经理人有所诉求，否则允许其失败。

3. 从非战略领域入手

湿地型组织将经营权几乎全部放手给经理人，做不好、收不回的可能性是存在的。如果是非战略领域，则公司的风险可控；如果是战略领域，则有可能给公司带来决策风险。因此，早期最好选择非战略领域，或经营的末梢环节。做好了，是对公司的强支撑；做不好，不至于影响全局。

4. 加强顶层设计

加强顶层设计包括定义湿地型组织的适用范围和环节、定义湿地型组织的合作规则、定义合作后的支持要素等。湿地型组织将致力于放弃组织边界，为相关愿望人提供有竞争力、吸引力的平台服务，这是需要招商引资配套能力的。

5. 打破资源边界

上市公司内部的产品、项目、职能可以作为湿地型组织实验标的。除此之外，以结果为导向，研究如何建立为公司外部的资源和力量提供到平台上创业服务的事业机制。这是一种不同于一般组织的服务能力，为上市公司赢得和使用更多人才打开了新的端口，提供了无限可能。

第十一章

创业型企业的湿地型组织导航

一、价值塑造，是创业型企业的崛起之道

每只毛毛虫都有成为美丽自由的飞蝶的梦。我们身边总有一些人，渴望拥有自己的事业。他们中的大多数无法实现梦想主要是因为其虽有创业梦想，有经营能力，但能力偏弱，资源不足，条件不够完善，风险意识弱，缺乏壮士断腕、视死如归的创业勇气，人才价值不能充分释放。如果将原因归结一处，那便是“依赖心”。一旦拥有必要的支持，这些人成功的概率以及所创造的价值将会呈现几何级增长。

帮助经营型人才创业，帮助其走向成功，会让组织效能得到极大解放。

字节跳动的抖音项目，用不到 8 年的时间，实现了从零到万亿元市值的奇迹。其市值快速膨胀的本质在于，抖音项目通过平台服务，吸引了数千万播主（主播）到抖音平台上发表作品，开展短视频带货。很多播主借助抖音平台，开启了成功商业化道路。抖音早期作为一家创业型企业，因为帮助众多具有经营能力的人才提升短视频带货、直播带货效能，实现事业成功，反向集聚成抖音的海量员工高质量执行力。这些播主本不是隶属字节跳动的员工，但这种跨越边界的组织形式让字节跳动拥有了传统员工所不可能实现的执行力奇迹。毕竟，这些播主认为，提供优质视频和直播带货是“自己的事儿”，而不是抖音公司（字节跳动）的事儿。

无边界整合、全面统战经营型人才为我所用，是湿地型组织建设的基础原理。让经营型人才自觉跨上“我的事业”赛道，依然坚定地认为自己全力以赴的行为是“自己的事儿”，这是湿地型组织成功的方法论导航。这种基于“利他自利”原则的发展理念，适用于成熟的、规模庞大的组织，同样也适用于创业型组织。

创业型企业和所有创业型组织一样，常常表现出管理经验欠缺、资源匮乏、人才不足、社会关系薄弱、条件有限。相较于发展期、成熟期的企业，创业型企业更需要对外广泛整合，赢得更多来自外部的力量，协同发展。而事实上，资源、人才等外部力量，具有天然的利益吸引力，更倾向于可预见的价值洼地，显然，高风险的创业型企业，和众多发展期、成熟期的企业相比，不具备优势。

塑造事业价值，让外界力量充分信任企业平台的强大价值，实现对外部资源的虹吸力，是创业型企业构建湿地型组织的基本动因。为了让天下力量为我所用，很多成功者早期用事业愿景和事业团队，为外部资源描述了一个理想的湿地。

二、创业型企业的“湿地”魅力

2016 年，和君咨询经过 16 年的高歌猛进，成为亚洲本土规模最大的咨询公司之一。但是，作为一家缺乏强大社会背景和资金实力的智力型机构，和君咨询此前从来没有建设过特色小镇，也缺乏相应的人才，更不具备足够的资金，且董事长王明夫先生正陷于多项可能诱发现金流断裂的纠纷中。在这种背景下，因为情怀和憧憬，想要在深山老林打造一个美丽繁荣且具有传世经典效应的特色小镇，在很多人看来，无异于痴人说梦。

2016 年，王明夫先生亲自执笔，写了一篇畅想未来的散文《和君小镇愿景》，开篇写道：

“你从机场出来，上高速，行驶几十分钟，下高速，拐进一条世界最美公路，顿时感到美不胜收。路面异常干净，交通标线透亮醒目，空气清新甘甜，路两边是鲜花、翠竹、树木和溪流，走着走着，你就感觉红尘已远，深入了秀水青山。十几分钟的路程，尽头就是和君小镇。”

彼时，是没有和君小镇的。在王明夫先生笔下，开篇如仙子迎宾，抬手撩开珠帘，一番新世界景象夹带淡淡的迷人气息，映入眼帘。

继而，文章开始图画小镇的细节，比如，文章写道：

“和君小镇，青山环抱，田野铺展，桃红柳绿，翠竹摇曳。一条小河穿镇而过，流经窗前，流经小桥，流经田野和芭蕉叶下。河水清澈透明，从上游的青山流出，与镇子耳鬓厮磨、缱绻相依，复归流进下游的青山。小镇的童子或青年，放漂纸船、蕉叶、花瓣或烛光灯笼，顺流漂去，寄语着童心、梦想或爱情。”

这已经不是人们通常所认识的商旅繁华的小镇，而是一个放飞梦想、寄托情怀的神话世界。王明夫先生对小镇明确了基本定位：这是一个寄放心灵、洗涤心灵、塑造心灵的世外桃源。

继而，王明夫先生不惜笔墨，勾勒了和君小镇的路径和细节。他写道：

“从山村变为小镇，起始于和君商学院从北京迁建到此。镇子的核心是和君商学院的校园，教学楼、图书馆、宿舍、食堂、研发楼、实验楼、钟楼、专家楼、报告厅、剧场、诉衷亭、省思堂、石板路等建筑，外观上一概是‘最美小镇’的风格，砖墙、瓦顶、屋檐、街道，古韵氤氲。而建筑的内部装备，却是最新科技的充分武装，通过超高速的移动互联网和最先进的智能装备，这里与世界名校、全球商界、社会潮流、时事热点，互联互通、息息相关。”

从小镇的内在禀赋到小镇的价值关系，在王明夫先生笔下，和君小镇俨然是一个能文能武、胸怀大义，进可登堂入室，退可静默达观的君子。最后，王明夫先生以小镇之义，为和君人，也为知识精英点亮了一盏文明之灯，文章结尾说：

“在‘最美小镇’的世界图谱和精神原乡里，太阳升起的东方，有一个‘居一隅而怀全球、远喧嚣而拥潮流、极静穆而满峥嵘’的小镇，它叫和君小镇。这个小镇，以及小镇里的居民生活，成了知识精英生命形态的终极向往。”

很多人读王明夫先生的《和君小镇愿景》一文，将其看成一篇抒发情怀的散文。而在湿地型组织原理的视野下，这是一个极具资源吸引力，整合内、外部力量的招商平台。尽管和君小镇当时还反被描述在纸笔之上，是无形的。但是，这篇文章已经具备了湿地型组织的平台吸引力。

就“和君小镇项目”而言，正如本节开头背景介绍，属于创业型项目，并且在创业梦想阶段。和一般创业者不同，王明夫先生不是通过规范冰冷的商业计划书，而是通过一篇散文，让这个愿景变得清晰、明亮，以超拔的定位、定义，让和君小镇愿景变得可见、可知，被理解。在这样的愿景下，商业计划书的可信度将大大提升。

《和君小镇愿景》这篇文章完成后，一经发表，俨然形成极具感召力的巨大磁场，深度整合了王明夫先生自身，继而是各地政府、设计师、管理人才，乃至农民、工人等众多力量。以王明夫先生为核心，各种无边界的力量汇聚在一起，使和君小镇由愿景最终变成了现实。

从 2016 年到 2023 年，用了不到 7 年时间，和君小镇便在古老的客家村落建成，而且成为全国闻名的特色小镇。在江西省会昌县白鹅乡梓坑村的森林竹海深处，和君教育小镇，以教育培训和会议产业为核心，文化、度假和各种关联产业共同集聚形成了“产业为本、人才会聚、宜居宜业”的特色重镇，被选定为江西省政府公布的重点投资项目、省级特色小镇。

因为卓越的文化背景，以智力资源和良好生态为优势，和君教育小镇不仅拥有强大的教育、培训、旅游、会务等产业，而且吸引了众多诸如资本、医疗、医药、教育等行业的创业者，到和君教育小镇注册公司、开办项目。和君教育小镇就像广袤的湿地，吸引众多物种，形成了“居一隅而怀全球、远喧嚣而拥潮流、极静穆而满峥嵘”的产业生态，各产业之间自觉融合，相互赋能，彼此成就，成为发育卓越组织的生态沃土。

“你若盛开，蝴蝶自来”，和君小镇从发心到创立，再到繁荣发展，无论在人才还是资金方面，王明夫先生都是通过打造湿地吸引力，让建设者发自内心地认为“那是我自己的事儿”，而非命令或强迫。和一般组织依赖权力命令不同，和君小镇的建设，是先有湿地吸引力，而后赢得相应“物种”自觉前来实现他们各自的梦想。因此，前来定居者和投资开办事业的创业者，他们与小镇的关系都不是权力命令关系，他们是基于和君小镇的战略愿景，自觉、自发、自治，在和君小镇开启各自的梦想。

总结和君小镇的发展历程，可以清晰地感受湿地型组织的基本原理，由 a 打造湿地吸引力，让外部力量 b 自觉向湿地靠拢，b 和 a 各自在湿地上开启实现自身梦想的事业，共同构成了和君教育小镇生态 A。

和君小镇愿景以无中生有的独特魅力，塑造了思想上的“湿地”吸引力，堪称湿地型组织的最高境界。

三、整合外部力量的前提是主导者吸引力

面对海量的创业梦想和成功渴望，条件有限的创业型组织，一方面在创业的道路上精耕细作，另一方面从广大社会洞见机会、整

合力量。从和君小镇愿景到真正实现“和君教育小镇”，给创业型企业的提示不仅在于整合资源，更在于如何为前来借助和君教育小镇创业的各路主体提供价值支持。

既然众多创业者早期条件不足，愿望迫切，那么，湿地型组织原理的第一要务便是明确应该为创业者提供怎样的价值。具体来说，湿地型创业组织要达成目标，条件同样是不足的，同样是需要整合资源的。从本质上来说，帮助别人成功只是路径，而推动达成自己的目标才是发心的真相。虽然发心是自私的，但这并不影响其行为是利他的。因此，湿地型创业组织成功的前提是“利他自利”的原则。

和君小镇愿景是王明夫先生及和君集团的梦想，基于“利他自利”的原则，王明夫先生在“湿地吸引力”的设计上透露出对他人事业的关切。比如，当时各地政府热衷于建设特色小镇，通过特色小镇吸引投资，发展地方经济，《和君小镇愿景》于无声处传递给地方政府一条信息：我们有意在你的区域建设一个经典特色小镇，于是有众多地方政府因为这篇文章及和君咨询的既往业绩背景，而主动联系王明夫先生，甚至承诺在土地、交通、电网、水利、能源、信息、土地平整、资金配套等多方面竭尽所能地支持。比如，众多设计师、建筑商等建设相关机构，因为经典预期，主动以最优惠乃至合作的方式承接相应任务，实现小镇建设；又如，国际前沿水准的基因科学家，主动到和君教育小镇开办公司，全国上市公司董秘论坛项目在和君教育小镇开办；等等。对于和君集团来说，其本不具备高水准建设一家特色小镇的条件，但是，其可以凭借为他人提供达成目标的路径，来实现自己的目标。为他人提供达成目标的路径，便是制造“湿地”吸引力。他人受到“湿地”的感召，前来“湿地”，凭借“湿地的便利”达成他们各自的目标。

“湿地的便利”是指 b 的便利。他们想要达成自己的目标，同样需要借助外界力量。外界力量很多，为什么选择和君小镇这块“湿地”？那便是湿地们应该思考和致力于实现的基础目标。对和君小镇愿景来说，这样的目标并不能完全基于一篇散文的浪漫，而是需要做出基本的样子——落地江西省会昌县白鹅乡梓坑村，这是传统项目以权力为中心所必不可少的过程。“你若盛开，蝴蝶自来”。和君小镇愿景能吸引到怎样的蝴蝶，取决于自身的盛开状态、盛开程度。和君小镇经过以王明夫先生为核心的项目小组的努力，以“愿景 + 能力 + 长期从业品牌”为湿地，整合到会昌县的政府支持，赢得土地及配套。继而，“湿地”的禀赋得以成为有形的土地加无形的愿景和背景，吸引到资金、设计、建设者们的力量。由此一步步得到新资源加持，持续放大“湿地魅力”，滚雪球般整合到越来越多的力量，乃至众多产业云集小镇，初步实现和君教育小镇的经典梦想。

四、湿地型组织的常用工具——4 因主义模型

“4 因主义”是和君咨询合伙人史万奎先生创立的咨询模型。其创立之初是用来指导营销策略设计的，全称“4 因营销主义”。后来在应用中发现，这个模型可以应用于组织发展的各个维度，因此被称为“4 因主义”。

4 因主义是基于“因果论”的成功主张，是达成组织目标及个人目标的基本架构。4 因主义的核心是人的意愿。其理论由内部 4 个研究维度和外部 3 个实践维度共同构成。

4 因主义认为，所有组织问题本质上是人的主观能动性问题。当组织成员发自内心地将追求目标当成他自己的事儿，其效率将大大提升。当客户将获得产品当成势在必得的事儿，便会千方百计地主动达成交易。因此，无论是营销还是组织执行力，关键在于激发相关主体的主观能动性。对于湿地型组织来说，这个核心意愿便是

相关主体，即那些拟整合对象，他们的自觉、自发、自治，他们愿意为此付出全部努力。

对于创业型企业来说，想要整合外部力量，关键问题在于为外界力量制造怎样的“湿地”吸引力，就像天鹅春天会自觉飞回齐齐哈尔扎龙湿地，与扎龙湿地共同构建美丽富饶的湿地生态系统。创业型企业整合外部力量，优先关切的是外部力量的关键需求，由此而形成建设创业型企业的湿地。

和君小镇是一个创业项目，王明夫先生的散文瞄准的是各地政府建设特色小镇的潜在愿望，展示的是和君集团建设特色小镇的能力和未来愿景，从而优先吸引到第一块基石：土地。以和君集团自身的能力，如果按照一般房地产项目的逻辑，完全靠自己的力量去赢得土地，可以用“比登天还难”来形容，但是，通过塑造“湿地”的未来价值，和君集团成功赢得多地方政府的橄榄枝。

因此，湿地吸引力对于创业型组织来说，既具有天然禀赋，更需要价值塑造。

在4因主义研究框架中（见图8–2），以“意愿因”为核心，左上角的“极化因”所表达的是，在特定群体的关键需求上应该有所选择，通过价值塑造的艺术，将那种价值塑造到极具差异化、极其耀眼、颇具吸引力的程度。比如，王明夫先生的“和君小镇愿景”，便是通过散文形式，给读者呈现非同凡响的人文超越，绽放特色小镇的独特魅力，等待慧眼识珠者主动联系。

是否价值塑造到“极化”状态，便会如莲花盛开，有美丽的蝴蝶翩然飞来呢？答案是否定的。其中充满了不确定性。为了让不确定性转化为确定性，就必须让更多的受众听到、看到、感受到这种被极化的价值，从中会诞生少数信任者，再自动淘洗出极少数的强烈意愿者。对于和君小镇建设的首个土地目标来说，所需要的强烈意愿并不多，有一个地方政府足矣。但是，要切实得到一个地方政府给予土地及配套的支持，就必须让无数信息触达者作为分母。如何实现广众触达？钓鱼不如下网，4 因主义模型的另一个研究架构维度便是“结构因”，简言之，是通过结构化的方式，去传播信息，构建信任。王明夫先生的《和君小镇愿景》一文，通过“和君咨询”微信公众号等向外传播是不够的，还需要有看不见的和君咨询行业操守作为背书，需要和君咨询为地方政府提供若干特色小镇、产业园区建设作为背书。众多有形的背书、无形的思想汇集在一起，实现了触达、激发、信任、获得强烈意愿、达成合作等系列过程，其背后，是结构性框架。主体通过一系列结构化的因素，科学地安排，而最终影响客体，让客体具有强烈的意愿，主动响应。

和君教育小镇终于建成并可以开门迎客之后，从思想到行为，众多建设现象以不同的方式被社会广为传颂。一个潜在的社会共识是：和君集团成为善于构建梦想并善于让梦想转变为现实的卓越组织；这是一家敢于突破传统理论，极具职业操守，并善于手起刀落将事做成的组织。于是，这种共识演变为一种传说，形成共振效应，吸引到众多科学家、资本家、创业者、达人到和君小镇旅游、开会、创建公司，这就是共振效应。一旦哪家创业型企业的核心价值足以让外部力量感受到强大吸引力，那将呼风唤雨，无为而无不为。

4 因主义方法论包括“结果导向的因果逻辑研究维度”和“执行方法”两大相互关联层面的内容，并形成了“4 因主义与践行魔鬼三角”模型。

还有什么比客方强烈地想做主方期望的事儿更接近主方的目标？能够激发客方意愿的（意愿因），必须具有独特性、超乎寻常或不可替代，而不能是寻常的、司空见惯的要素，因此，需要极化这件事的客方价值（极化因）；需要针对客方的认知常识，将组合信息用结构化的方式，从不同方向、不同路线，有节奏地传递到客方的认知空间（结构因），足以形成客方对此事的整体认知；客方认知并采信，是需要环境氛围配合的，建立客户决策的群体共识或环境协同背景就非常必要（共振因）。

在4因主义研究架构的指导下，模型中的“魔鬼三角”则是行动指南。当创业型组织的湿地效应不显著时，应当首先去深度分析目标客方的投资意愿、加盟意愿、合作意愿（意愿分析），有针对性地以帮助客方成功为导向，进行创业项目的价值塑造（价值塑造）。其次运用结构化的方式，多线路投递我方为客方设计的“价值”到客方的心智空间（结构驱动），如此循环，直到彻底激发客方的投资意愿。简单来说，通过我们对客方的分析研究（意愿分析），找到他投入“我湿地”对他的重大意义（价值塑造），并有效地将这些他欲罢不能的理由通过结构化的方法传递给他（结构驱动）。

五、活用契约和公司法处理与外部力量的关系

“成也萧何，败也萧何”，是司马迁对汉初大臣萧何与韩信关系的概述。“成也萧何”是指韩信成为大将军是萧何推荐的，“败也萧何”是指韩信被杀是萧何出的计策。类似地，任何来自外部的支持力量都具有两面性。对于初创型企业来说，其渴望得到外部力量的加持，但同时太多的案例表明，外部力量加持后，也容易导致创业者失去主权，或者在前进的道路上增加了许多绊脚石。

创业型企业实施湿地型组织理论，要清楚地理解湿地型组织理论对权力的思辨。

第一，湿地型组织理论承认“权力”在组织中的重要意义。作为平台型组织a的负责人，要将组织战略性主权牢牢抓在手里。如果迫不得已要放弃大股东地位，则可以通过将有限合伙企业作为普

通合伙人的方式，掌握公司的经营权。

第二，湿地型组织理论承认“权力”对负相组织 b 的重要意义。负相组织 b 要想实现理想的组织效率，必须构建以权力为中心的组织。

第三，a 和 b 都需要掌握绝对权力，二者虽有主次之分，但主张淡化权力。两个对权力有同样预期的合作伙伴，要想达成合作，最好的选择不是谁屈从于谁，而是在保有各自权力的前提下，通过契约来合作。不可否认的是，b 因为 a 设定的湿地吸引力而自远方飞翔降落在湿地 a 的地界，需要主动适应 a 的战略和禀赋。但是，这种适应不是 a 命令 b 来的，而是 b 主动来的。在 a 和 b 之间，湿地型组织主张尽可能淡化权力，让 b 自觉、自发、自动地将 a 的目标通过价值分配变成自己的事儿，而 a 则竭尽所能帮助 b 成功，从而实现 a 的目标。

第四，a 为了促进 b 更好地为其贡献力量，甚至不遗余力地帮助 b 构建权力，简称“赋权”。

附件：

和君小镇愿景

文 / 王明夫（和君集团董事长、和君商学院院长）

你从机场出来，上高速，行驶几十分钟，下高速，拐进一条世界最美公路，顿时感到美不胜收。路面异常干净，交通标线透亮醒目，空气清新甘甜，路两边是鲜花、翠竹、树木和溪流，走着走着，你就感觉红尘已远，深入了秀水青山。十几分钟的路程，尽头就是和君小镇。

和君小镇，青山环抱，田野铺展，桃红柳绿，翠竹摇曳。一条小河穿镇而过，流经窗前，流经小桥，流经田野和芭蕉叶下。河水清澈透明，从上游的青山流出，与镇子耳鬓厮磨、缱绻相依，复归流进下游的青山。小镇的童子或青年，放漂纸船、蕉叶、花瓣或烛光灯笼，顺流漂去，寄语着童心、梦想或爱情。

这里原本是住着十几户农家和两家猎户的一个小山村，深居简出于万山丛中。方圆几十公里是茫茫林海和竹海，河流的上游没有村落和人家，空气仿佛是森林的呼吸、竹海的吐纳，河水由各线山泉水汩汩汇流而成，白云悠悠，溪水淙淙，一概不染世尘，干干净净。

从山村变为小镇，起始于和君商学院从北京迁建到此。镇子的核心是和君商学院的校园，教学楼、图书馆、宿舍、食堂、研发楼、实验楼、钟楼、专家楼、报告厅、剧场、诉衷亭、省思堂、石板路等建筑，外观上一概是“最美小镇”的风格，砖墙、瓦顶、屋檐、街道，古韵氤氲。而建筑的内部装备，却是最新科技的充分武装，通过超高速的移动互联网和最先进的智能装备，这里与世界名校、全球商界、社会潮流、时事热点，互联互通、息息相关。

和君商学院，面向北大、清华、复旦、南大、厦大、武大、港大、台大、哈佛、耶鲁、斯坦福、牛津、剑桥等全球名校的在读生和毕业生招生，每年录取3000多个硕士和博士，构成青年精英人才的集群奇观。令人感到不可思议的是，这样一个联结全球精英的“人才部落”，它的总部，居然坐落在一个世外桃源般的深山小镇里。和君商学院在这个深山小镇里讲授专业、研讨思想、发表观点，通过互联网教育的方式，全球各地的学子和听众，在网上听课、参与和互动，小镇里的课堂，就这样延展到了各地、连通到了全球。全球和君学子、新老校友，无不向往和君母校的所在地，和君小镇成为他们一生三必到的胜地：求学时候自己到；成家立业时候携带妻子儿女到；老年返璞归真时候再回到。往来无白丁、谈笑有鸿儒，明月松间照、清泉石上流，和君小镇的特有能量和韵味，就在这些来来往往、恋恋不舍的人，和那山、那树、那淙淙泉流之间。

因为和君商学院的商学思想、教学设施和人才聚集效应，追随而来的，是十几家上市公司把它们的干部学院、研发中心和高管修炼基地，建在了和君小镇，它们给小镇带来了博士后工作站、国家科研项目，还有一批又一批“百战归来再读书”的企业高管。一个个上市公司，一个个商场战将，犹如小镇开向产业世界和资本市场的一个个窗口，小镇里的学子透过这些窗口看到最真实、最前线的商业、社会和人物，接触到前辈和先行者的经验与智慧。于是，这些上市公司，成为小镇学子们最贴身的研讨案例、实习基地、就业去向、创业平台和事业舞台，而和君学子，成为这些上市公司源源不断的人才来源和知识动力。“产—学—研”一体化在这个深山小镇里水乳交融、蔚为奇观。慕名前来参观、交流和学习的各地政府、企业、高校和科研单位，络绎不绝，流连忘返。

沿着小镇的任何一条街道和巷子走出小镇，都是走进葱郁幽深的万亩森林和竹海。那简直就是森林浴的大浴场和大氧吧，足以洗涤万古红尘、百世污秽。慢走，跑步，登山，骑山地车，各取所需；静坐，弈棋，畅谈，倾诉，随你所爱。

森林里照射进来的阳光，或远或近的鸟叫或虫鸣，随渴随饮的山泉，随摘随吃的野果，破土而出的蘑菇或竹笋，路边摇曳的野花，扑通一下跳进水里的林蛙，岩石顶上的禅修亭，竹海溪边的瑜伽台，一片树叶掉下来洞穿空气的那种飘忽而又静谧……森林的美妙和纯净，你沐浴其中，沧桑与晦气、功利与躁动，不知不觉间化作乌有，你发现自己最美好的状态还是做回一个自然之子，回到大自然的怀抱，魂归故里。

一年两度的高峰论坛，使得和君小镇被誉为“东方的商学达沃斯”。一个是春季论坛——世界商学峰会，每年春暖花开的时候举行，中国和世界一流的管理学家、经济学家、企业家、投资家会聚和君小镇，发表观点、交流思想、探讨合作、结交友谊。一个是秋季论坛——阳明心学论坛，每年秋季举行，整个小镇的空气里都弥漫着心即理、知行合一和致良知的思想气氛，和君小镇成为“我心光明”的赤子之都。

和君咨询，亚洲大型规模的管理咨询机构，迁入小镇，建设总部。商学院、智库、人才、思想、心学、上市公司和大自然，再加上当地政府的优惠政策，吸引了一批有风格的私募基金陆续入驻这里。和君资本管理的百亿基金，亦以镇为家，带动了一群从事基金业务的和君新老校友，会聚这里。这个起初的教育小镇，因而又多出了一抹基金小镇的色彩，万山丛中、独树一帜，俨然是中国的巴菲特和奥马哈小镇，呼之欲出。

随着口碑相传，和君小镇被越来越多的人知道，慕名而来的游客逐渐增多。在和君的统一规划下，这个小山村十几户的原住人家，全部被改造成为民宿、咖啡馆、酒吧、K歌厅、茶馆、乡村书屋、陶艺斋、竹器木器铺子、土菜馆等。而他们的生产与生活，依然保持着“男耕女种、晴耕雨读、养儿育女、孝敬父母”的山村人家形态，是“活着的”儒家文化，是真正的原生态非物质文化遗产。

帮助村民干农活儿，参加农田耕种、上山挖笋砍竹等劳作，跟着他们学习编竹器做木器，是和君商学院必修的劳动课。而跟着两家猎户的男人，带着猎狗，深入山里去打猎，可能一连几天几夜在野外森林里风餐露宿，则是男生们感觉最为挑战又期待的劳动课。和君商学院的师生可以免费住在村民的民宿里，对应的是为山村人家的孩子们义务辅导功课、教育知识，讲述外面世界的精彩与无奈。原住民与外来人员、原生态与现代文明的相互滋养、和谐共生，这里堪称是充满诗意和暖情的典范。

传世事业，以镇为家。和君商学院、和君咨询、和君资本，在这里扎根、生长，逐步发展成为传世的大学、智库和财富机构。有着共同精神气质的一群知识精英，在这里落户安家，内外兼修、仰观俯察、入世出世，洞识商业万象、筹谋财富风云、追求人生境界，修身、齐家、兴业、益天下。小镇的居民，各得其所，和谐共生，生生不息，基业长青。和君小镇，最终成为文化重镇、商学圣地，足以代表中国政经见识和商业智慧的高峰值。这里山清水秀、空气甘甜，天人合一、人文飘香。镇子的钟声飘飘荡荡，生态之美、文化之美、思想之美、教育之美、人情之美、生活之美，尽在其中。

在“最美小镇”的世界图谱和精神原乡里，太阳升起的东方，有一个“居一隅而怀全球、远喧嚣而拥潮流、极静穆而满峥嵘”的小镇，它叫和君小镇。这个小镇，以及小镇里的居民生活，成了知识精英生命形态的终极向往。

第十二章

社会组织创建湿地型组织的策略导航

执行力是所有组织的共同关切。组织成员的主观能动性是影响组织执行力的重要因素。湿地型组织致力于将组织目标转化为组织成员发自内心、自觉地认为那是“自己的事儿”。“那是组织要做的事儿，更是我的事儿，我必须为此全力以赴”，组织成员如果都能自觉地认为组织分工和组织赋予他的责任是他自己的事儿，组织管理难度则大大降低，这个组织的效率将进入理想状态。

社会组织是组织的一种类型，其界定的范畴广泛。这里，将一切非企业组织全部定义为社会组织。本章通过社会公益组织实施湿地型组织原理和路径，简单阐述社会组织创建湿地型组织模式的基本策略。

一、让公益行为可持续

江苏苏州陈霞爱心慈善基金会理事长陈霞女士曾是一位白血病患者。2000 年 9 月，她出现了不明原因的持续发热、流鼻血等症状，后来被确诊为急性粒细胞白血病。当时她想做骨髓移植手术，遗憾的是很长时间找不到可以匹配的骨髓。病情日渐恶化，在非常紧急的情况下，陈霞的病情和对骨髓的急迫需求得到众多爱心人士的关切，大家奔走呼吁，持续放大对适配骨髓的搜索半径。2001 年 6 月，竟然在海峡对岸的中国台湾地区找到了与她相匹配的骨髓。这是祖国大陆第一例与中国台湾地区骨髓配对成功的案例，也是江苏首例非血缘关系的骨髓异体移植。海峡两岸及中国香港、中国澳门多家电视媒体联手直播了跨海 3000 千米的骨髓抽取、运送、移植的爱心接力全过程。爱心人士、中国台湾青年志愿捐献者、政商各界、新闻媒体、志愿者等众多仁人士，共同托举起陈霞的新生。

2017 年，陈霞成立苏州陈霞爱心服务站和陈霞爱心义工队。她和组织成员通过走进医院、爱心直播、深入走访家庭、慈善义拍、公益助力筹等方式为血液病患者提供爱心服务。同年，陈霞公益网在陈霞爱心服务站和陈霞爱心 TV 的基础上应运而生，综合面向苏州大学附属第一人民医院、苏州大学附属儿童医院等医院的血液科患者提供服务。2018 年 10 月 17 日，苏州陈霞爱心慈善基金会成立。

2008 年汶川大地震后，陈霞第一时间组织全国各地知名画家捐赠 300 余幅字画，在四川、南京拍得 200 多万元，全部用于四川慈善总会筹建爱心学校。2016 年底，陈霞在苏州市姑苏区祖家桥 16 号创办了“陈霞爱心营养厨房”，致力于为血液病患者家属提供免费做饭场所，为病友提供营养辅助。新冠疫情期间，苏州陈霞爱心慈善基金会捐款捐物……

在中国，在全球，公益人士和公益组织就像一盏永不熄灭的文明之灯，用他们的无私奉献精神，给贪婪自私、争斗不止的世界带来希望的曙光。

做公益光有情怀是不够的，需要能力和资源的支撑，公益行为更需要组织化实施。因此，全球成立了众多以公益基金会为代表的慈善组织。既然成立了组织，公益组织就和其他社会组织一样，面临着战略问题、运营问题、组织绩效问题、管理问题、风控问题和组织成员执行力问题，如何确保组织执行力，如何让公益组织在资源整合能力上和成员数量上几何级增长，提升公益基金会的公益服务能力，扩大受益人群，让公益行为可持续，是苏州陈霞爱心慈善基金会等社会组织的共同命题。

二、让“利他自利、自利利他”形成良性循环

“兵马未动，粮草先行”说的不仅是军队远征，也适用于社会组织。公益组织光有公益心和公益行为是不够的，就如苦行僧也要化缘，公益人员同样需要吃穿住行，如果缺乏必要的补给，公益行为是不可能长久的。

因此，募捐是公益组织的基本命题。

如苏州陈霞爱心慈善基金会，起初是陈霞多年来以自己的家财和劳动力在尽力而为，募捐者们见证了陈霞的公益行为和无私奉献，因此愿意捐助陈霞，以确保陈霞小团队爱心公益的可持续性。社会的复杂性包括假借募捐中饱私囊的现象，随着公益组织持续做大、募捐范围不断扩大和量级持续上升，社会对公益组织的行为就会产生怀疑。事实上，确实有公益领域头部组织因为公益资产管理不当，出现内部贪腐现象。这种现象不仅包括核心人员贪污、被不良动机者篡权，还包括公益组织成员借此邀功镀金、不能真实履行公益责任，更有人为了获取流量借助公益行为炒作自己。各种破坏公益组织的现象被媒体放大，其造成的社会忧虑让募捐者对公益组织失去信任，放弃募捐行为。公益组织得不到足够的资源，其公益行为便失去可持续的基础。

如齐齐哈尔扎龙湿地，其吸引丹顶鹤、天鹅、野鸭、狐狸、松鼠、鱼虾、芦苇、杂草等各种动植物云集，共同构成湿地生态。公益组织作为一个平台a，其发心、系统和行为如湿地，是利他的，依据湿地型组织理念，其运作原则也是自利的，应该建立公益组织自我发展的目标。湿地唯有自我塑造出对各物种的吸引力，才有各物种自觉前来共同建设湿地生态。公益组织同样应该以自我发育、自

我建设为首要目标。

以自我建设为首要目标，犹如航班出现紧急情况，要求乘客在帮助儿童及失能人员戴氧气面罩之前，先给自己戴好氧气面罩一样，公益组织需要优先考虑自我建设问题。

公益组织的自我建设问题的核心，是公益组织对外部资源和公益人员的吸引力。

公益组织塑造对外的吸引力，原则便是“利他自利”，即通过帮助爱心募捐者和爱心人士达成他们的愿望，来实现公益组织自身建设。

受“利他自利”原则的指引，公益组织需着重关切以下 5 个主题。这 5 个主题是塑造湿地吸引力的基本元素。选择好了，则容易形成对外部资源和组织成员的吸引力；选择不好或者不选择，则影响组织发展力的形成。

1. 公益组织的发展逻辑问题

公益组织的发展逻辑包括组织核心发展力、组织定位、组织使命、组织愿景、组织价值观等。所谓组织核心发展力，就是要回答组织在特定的大环境下，面向哪些关键需求，凭借哪些关键成功要素，构建怎样结构化的发展力。所谓组织定位，便是针对那些关键需求，设计组织的起点、终点和赛道。如陈霞女士建设的苏州陈霞爱心慈善基金会，其早期定位便是服务白血病患者及家属。所谓组织使命，便是回答组织受怎样的力量驱使，发誓承担怎样的责任。所谓组织愿景，则主张非常清晰地描绘组织未来的样子，给组织成员和社会带来怎样的价值。正如上文所阐述的《和君小镇愿景》，王明夫先生因为清晰地表述小镇愿景，而增加了项目湿地般的吸引力。所谓组织价值观，就是因果观，这个组织信奉怎样的因果观，或者说愿意以怎样的价值付出去推动达成组织目标。

2. 公益组织的透明度问题

传统企业离不开章程、纲领、组织机制、制度、流程、标准等。公益组织相比传统组织，更需要上述管理体系，同时，公益组织还需要重视信息公开。越透明，越公信；越公信，越具有吸引力。公益组织信息透明的意义，不仅仅在于方便社会监督，更是对捐助人的鼓励和认可。基于“利他自利”原则，公益组织应当站在捐助者的角度，增强捐助者的社会荣誉感。公益组织运营体系因为信息化、数字化工具的普及，更加具备高效的可能。

3. 公益组织的基本法问题

透明是公益组织管理行为的表现，有助于增加公信力。同时，因为透明，也会让各种不当行为曝光，失去公信力。公信力的本质在于行为的合规、合法和公益性。随着组织的扩张，如何对组织成员和分支机构进行有效控制？那便是依靠人类千百年实践的经验——立法。因此，公益组织不仅和其他组织一样要建设制度体系，更应该基于可能的风险与愿景进行立法，建设公益组织基本法。公益组织基本法并不见得完全用于惩戒杀伐，还应该强调其引导性和激励性。

4. 处理好运营平台和执行团队之间的关系

苏州陈霞爱心慈善基金会一经成立，便得到来自全国各地公益人士的积极响应，他们纷纷抛出合作的橄榄枝，愿意同陈霞一道为患有严重疾病的患者和家庭奉献力量，帮助社会减轻负担，帮助病患全家渡过难关。如湿地构建了吸引力，陈霞的顽强生命力和大爱精神构建了苏州陈霞爱心慈善基金会的吸引力，这时候，公益组织的核心问题是如何处理组织扩张。

公益组织扩张面临的关键问题是募捐、资助行为的一致性。而随着组织的扩张，难免会有动机不纯者混杂其中。例如，有网红以某红会工作人员名义炫富，引发社会对某红会的强烈质疑。组织的发心没变，但末梢的个体行为造成的污染，往往如一条臭鱼搅得满锅腥，使公益组织受到致命影响。因此，公益组织在整合社会资源和力量时，应当通过组织架构设计，厘清公益组织平台与执行组织的关系，以基本法为原则签订明确的合约，并发挥平台的监督和调节作用。如何处理组织平台和执行组织的关系，可参照湿地组织的 a 和 b，共同构成公益组织生态 A。

5. 促进公益组织“利他自利、自利利他”的循环问题

组织状态必然要消耗资源。公益组织心系公益，不愿意牺牲公益资源进行自身建设，甚至不认同使用公益资源满足自身组织成员的薪资福利要求，这对组织发展是不利的。不否认公益组织最好由无私奉献的公益组织成员构成，但是作为组织，必然需要高阶的运营和管理，必然需要与运营管理相匹配的人才。很多时候，凭借情怀寄希望于吸纳到既符合公益无私奉献的要求又具备高级运营管理水平的人才，常常不能实现。因此，公益组织建设应当秉持湿地的“自利利他”属性，以实现“利他自利”的目标，以利他为路径，以自利为目标，形成良性发展循环，如此，必然会滚雪球般，让公益行为持续发展，受益范围日渐扩大。

三、用湿地型组织原理，让公益组织无限分蘖

权力驱动违背人性，没有权力一盘散沙。湿地型组织中的 a 以权力为中心，集中平台组织的全部力量，打造具有吸引力的事业平台。而湿地型组织中的小微组织 b 同样以权力为中心，借助平台 a 提供的关键成功要素，集中力量做好执行，为用户服务，为社会做贡献。

从“悖论”的角度来看，a 和 b 都没有脱离“权力”控制。a 通过组织控制权，致力于为 b 提供有竞争力的服务；而 b 通过小微组织控制权，实现微观服务效果。站在 A 的视角来看，b 是 a 的组织成员，但这种组织成员关系不是通过 a 的组织控制权实现的，而是让文化、战略、愿景、“共识 + 契约”代替权力，并尽可能地远离以权力为中心。a 赢得 b 的支持力量，主要是通过为 b 提供有竞争力的关键成功要素，吸引 b 自觉加入和自动创建。a 和众多 b 共同构成了生态组织 A，A=a+bn。对于 A 来说，实现了对“悖论”的突围，表现了有竞争优势的发展力。湿地型组织模型中的 n 代表了众多或集群的意思。

b 的要义在于，人是分不同类型的。湿地型组织成功的关键在于，a 为其中一类有奋斗精神、有经营能力、有组织领袖潜质的人（b）服务，将 b 作为首要吸引和服务对象，通过帮助 b 成功，从而实现对需要救助者的服务，最终实现救助者、b、a 和 A 以及社会的共同成功。

因此，对于公益组织来说，明确 a、b 及其集群化和 A 的关系，便掌握了公益组织无限分蘖之道（如图 12–1）。

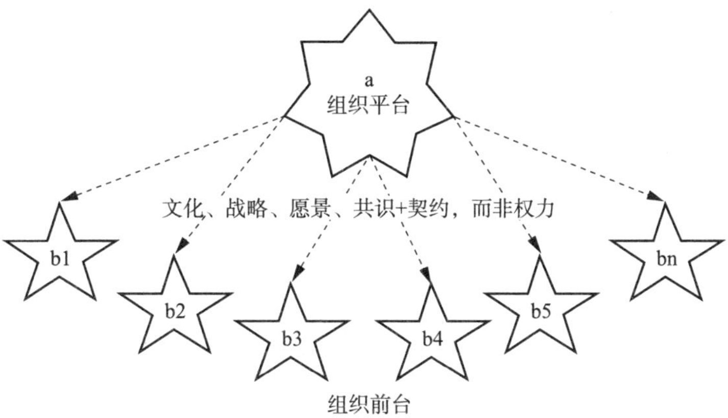

图 12–1　湿地型组织分蘖示意

由于选择经营型人才作为b组织的核心，所以相信b组织具有相应的经营组织能力。对于a来说，要重视以b为中心，针对b的关键需求，为其提供关键成功要素，支持一个又一个b走向成功。

苏州陈霞爱心慈善基金会便是按照这样的理念，在全国各地，选择有过大病经历，发心公益，同时具有经营管理能力的病友作为分部负责人，按照基金会的基本战略和框架要求，签订契约，明确经营管理边际，由各分部自经营、自管理。总部在各分部经营过程中，与分部保持线上、线下的沟通，实时关注分部的需求和呼吁，持续向分部提供关键成功要素，包括具有号召力的组织简介、组织募捐的经典做法、组织成员的培训资料、对患者及家属服务的方法论和最佳实践总结、财务管理、组织成员薪资及补贴办法、可能出现的风险及预防等，各种微观组织b在运营管理中的需要，a都已经为其做了充分的准备，确保b能全心投入他所热衷的公益服务活动。

a所准备的体系和服务不只适用于一个b组织，还可以复制应用到众多的b组织中，于是便形成了b组织集群，即bn，与a共同构成了公益组织生态，创建了无限分蘖、规模宏大、遍布四方的湿地型公益组织。

四、湿地型社会组织与传统组织的不同之处

1. 实施结果不同

湿地型组织和传统组织在组织目的上是一致的，那就是追求效率，达成目标，保障运营安全，实现可持续发展。传统组织成立早期，以某个杰出创业者为核心，凭借个人魅力和领导力推动组织高效运转，成绩斐然。随着事业发展，组织层级持续增加，管理幅度持续扩大，管理岗位被迫变得复杂。庞大的管理结构，要求组织内成员之间保持高效沟通。事实上，高效沟通会受到不同文化背景、

不同动机、不同心态和环境变化的影响，原有的创业团队高效沟通便渐行渐远。为了解决沟通和效率问题，传统组织试图通过提高薪酬待遇、加大授权以及强化绩效管理等方式提升效率，结果发现，组织授权与员工主观能动性并不总是成正比，毕竟，那些疏于或者没有机会与所有权人保持深度沟通的员工，内心认为这是组织的事儿，不是他自己的事儿。他自己的事儿是用时间换薪酬养家糊口。这时候，传统组织便出现典型的“巨人症”，除非因为领先的技术或垄断权有赚取高额利润的能力来满足组织成员的贪婪欲望，否则无解。有的企业曾资源丰富，组织成员的收入在社会中居于上层，是收益带来了组织对成员的吸引力，一旦这种高额付薪的条件不在了，组织就会很快崩塌，组织成员作鸟兽散。

与传统组织不同，湿地型组织将主要能量用来打造对创业者b有吸引力的湿地平台。湿地型组织懂得人是有差异的，有的需要追随领导才有安全感；有的则有经营能力，更愿意做主导者，希望获得主权。但是，有众多有经营能力且主导意识强大的人，他们缺乏成就事业的必要条件。湿地型组织用文化、愿景、战略和机制来选择具有共识的经营型人才，为他们赋权而不是授权。赋权，是通过一系列经营权的转移，为他们提供赢得权力的关键成功要素，帮助这些人成为特定项目的事业主导者，从而，将a要做的事儿、要开展的项目、要达成的目标，成功转化为b认为那是他自己的事儿、他自己要实现的目标，于是，b的主观能动性不再是a鞭策或诱导出来的，而是发自本心的。因为建设他自己事业组织的主观能动性，促使他去组建自己的团队，发育他自己的组织。这种微观组织，在一定周期内，便达到了杰出经理人主导的优秀管理和效率。众多这种由杰出经理人组成的集群，共同构成了a乃至A的事业成长力量潮和业绩增长集群。

2. 组织模式不同

传统组织无论是金字塔形、丛林式、敏捷式还是合伙制、事业部制，都不能脱离组织边界，都是在以权力为中心的体制下的修修补补。某种尽可能将权力下放的组织模式，或许因为选择的经营负责人的能力，而呈现一时一地的旺盛活力，但难以转化成组织共同的力量。也有组织曾希望远离权力，大家发挥各自的力量通力合作，如美国硅谷曾经有一批年轻人，因为某个共同梦想而凑到一处，通过分工合作做一个项目，被称为“合弄式组织”，最终没有了下文。

和传统组织不同，湿地型组织讲究分工合作和权力中心，但前提是 a 组织平台的吸引力建设，即足以为合作者、微型组织 b 提供关键成功要素。而因为 b 组织的核心成员渴望权力和自由， a 组织平台便通过契约的方式，致力于远离权力，不仅给 b 自由发展的空间，而且帮助 b 成功。

3. 组织关系不同

无论是怎样的逻辑，传统组织关系都是以权力为纽带的。其组织行为从上到下始终是我要你做什么、组织要你怎么样。湿地型组织则相反，其出发点是你本来要干什么，但干不了、干不成，湿地组织帮你干成。于是，湿地组织 a 与 b 之间，是无边界的。对于 a 来说，各种 b 都有机会凭自己的愿望到 a 平台来发展自己的事业，这点可以去观察抖音平台和主播的关系。对于 b 来说，借助 a 发展事业完全不是 a 的要求，而是他自己要做，是看中 a 提供的特殊资源和条件，而主动来 a 的地盘，干 b 自己的事儿。

4. 控制方法不同

组织失去控制便是乌合之众，不能形成合力。哪怕是一群具有公益心的人士，大家发的都是善心，做的都是好事，但是，如果不加控制，依然会如散沙一般。于是，传统组织的权力，便时刻发挥控制作用，以保持组织秩序。

和传统组织一样，湿地型组织也少不了权力的控制。但是，微妙的不同在于，湿地型组织更加重视组织成员的文化、战略、愿景上的共识，由此促使组织成员将组织目标转化为个人目标。基于战略共识，湿地型组织会与组织成员一起，为了共同理想制定规则，于是，对于组织成员来说，这种规则就不是别人给他制定的，而是他自己制定的，他会心甘情愿、心悦诚服地来执行、去维护。不仅如此，a 和 b 之间，看起来是为了各自的目标，实际在战略赛道上，有共同的目标、机会和挑战，因此，双方又最容易携手，于是，为了共同发展，便会以契约的形式确定下来，有了法律做背景的文字保障。

5. 关键组织成员的主观能动性不同

相信团队的力量，每一个组织成员都有其价值。但是，某些关键组织成员对组织所做的贡献，可能超过成百上千个组织成员所做贡献之和。这不仅在于岗位赋予不同组织成员的机会，更在于某些组织成员的特别属性。

一个组织中，总有一些人属于关键组织成员，他们可能以关键技术或关键领导而存在于某些岗位。令人遗憾的是，有些组织成员在其他组织中表现了超强的能力，而一旦进入新组织，便表现平平。其背后的原因有很多学者做过总结，问题多出在这些组织成员所处的组织环境不同，可能原来是协同的、简约的、目标导向的；而新组织环境中不同成员之间可能是相互掣肘的、关系复杂的、充满竞争的，最终导致本来能力很强的组织成员失去主观能动性，变得随波逐流，或者选择离职。

湿地型组织的关键在于为那些能干的经营型经理人提供创建组

织的机会，并帮助其获得全部的经营自主权。比如，抖音平台上的播主、播客，他们借助抖音平台提供的便利，建设自己的商铺，用短视频或直播吸引粉丝，在抖音平台规则下，自主经营、自负盈亏、自我淘汰、自我发展。这些人所创造的组织，与抖音平台看起来是合作关系，本质上构成了密不可分的“抖音生态”。这样说他应该是“抖音生态”的一分子，但对于播主 b 来说，其利用抖音平台的运营活动，就如丹顶鹤在扎龙湿地建设家族，那是他自己的事儿。时间久了，丹顶鹤在扎龙湿地延续家族的血脉，甚至忘记了扎龙湿地；时间久了，这些播主 b，甚至忘记了抖音平台。他们各自开心地做着所谓自己的事儿，事实上，正在与湿地、与抖音平台一起，做着湿地生态、“抖音生态”战略上的事儿。

没有什么比让组织成员认为那是他自己的事儿更能激发其主观能动性。湿地组织将关键目标转化为组织成员认为那是他自己的事儿。抓住这一要点，任何组织都可以实施湿地型组织模式。

五、从理念到实施需要关注的细节

1. 锁定 b 对 a 的利益，保持初心

毕竟 a 是发牌者、规则制定者，在建设平台吸引力的同时，应当设计好对 b 的利益诉求，认清战略和战术关系，发自本心地帮助 b 成功。哪怕 b 有一天会超过 a，尤其是获得让 a 眼红的利益，a 也应该保持初心，正心诚意地支持 b 走得更远。事实上，b 所承担的是 a 平台某一方面的目标和职能，b 的成功，会推动 a 的更大成功。

如公益组织 a，在定义 b 之前，应当明确自身对 b 的诉求、建设规则，以契约的形式让双方的利益按照规则适时分割。又如，抖音平台和直播带货的商家，双方有明确的利益分配规则。

2. 降低准入门槛，从海量 b 中淘洗杰出的

扎龙湿地从来不拒绝任何一粒到湿地扎根谋生的种子。湿地型组织当致力于降低门槛，以便让更多的成员有机会投入湿地。成功的 b 不是帮出来的，而是自身干出来的。那些能够干出来的成功者 b，往往不是选出来的，而是大量的愿望者构成强大数量的分母，从实践中淘洗出来的。

3. 支持强者，任弱者自生自灭

湿地的自然法则是优胜劣汰。湿地型组织需要用成功者 b 的故事激励后来者，因此需要树立标杆。但是，按照传统组织方法去构建标杆，往往事与愿违。可以通过观察众多 b 的行为和结果，以赋能强者的原则，让成功者更加成功，去树立标杆、打造榜样、传播榜样，以吸引更多的 b 前来湿地，形成生态合力。

4. 以规则致力于一视同仁，用规则避免自相践踏

作为规则制定者，a 不能以一己之力随意贩卖机会。湿地组织的成功，关键在于帮助 b 成功。而 b 成功的道路上，最大的竞争者便来自 a 内部。因此，在设计 b 的项目边界时，当注意对同平台上不同 b 的权益保护，既要一视同仁，又要防止自相践踏。

5. 不能只重利益，忽视文化

湿地型组织的基本特征是文化引领，推行“利他自利”原则，实施“无为”的组织治理，形式和功能千变万化，从而追求基于共同文化的部落化自觉；之所以能够针对某一特定群体的共性发展需求，去定位外部组织成员，打破组织边界，无限整合，关键在于文化共识。对于社会组织来说，必须优先以文化为引领，赋予事业以特殊意义，从而打造事业吸引力，让具有价值共识的经营型人才 b

主动加入，自发执行，自主经营，自我淘汰。

湿地型组织的文化，并不是空洞的口号或符号，而是建立在合乎人性规则的基础上，处理好文化与规则的协同关系是湿地型组织建设的难点。因此，湿地型组织不仅是一种模式，也是组织哲学，还是未来社会必须选择的基本组织形态。

6. 借助数字化，让服务工具化

数字化时代给予组织的最大价值，隐藏在让不确定性转化为确定性里。具体来说，就是组织行为在很大程度上可以重复、批量、工具化，降低沟通的难度。以往，一个经理人可以影响的员工数量是 7~14 人，而数字化时代，通过数字化工具，沟通人员数量可以无限放大，沟通内容可以无限复制、重复使用。这为湿地型组织 a 服务 b 提供了工具性便利。管理者关注为 b 服务的细节，对于重复性的可以通过数字化生成确定性的工具；对于动态的信息和数据，可以通过数字化生成规律性的工具。这样，可以大大降低 a 的管理成本，也可以让一个 b 的优秀做法，快速转化为 b 群体的通行做法，大大提升 A 的整体效率。

结　语

湿地型组织

——人类组织模式的希望

一

奋斗—获取权力—掌控资源—攫取更大私利—积累矛盾和宿怨—引发冲突与对抗—破坏生存环境的健康—接受道德谴责、法律审判或战争毁灭—再奋斗—获取权力—修复旧秩序、重构新秩序—进入新循环，这就是人类该有的耕耘公式吗？

二

“凿壁偷光”“头悬梁、锥刺股”的故事鼓励学子们好好读书，于是，从懂事起，孩子便将“分儿分儿小命根儿”刻在了骨子里，为了成绩，从幼儿园开始，便踏上了“用知识改变命运”的奋斗征程，导致社会不得不将各种应考培训班写入“违法条例”，但依旧屡禁不止。

“埋头苦干”“鞠躬尽瘁、死而后已”的故事鼓励组织成员用奋斗精神和全力以赴的行为去推动达成组织目标或赢得组织的认可，于是，管理者为了让上级领导认可，哪怕没有必要，也会主动带领下属加班到深夜，逐渐形成了社会性的加班加点局面，正常下班反而变得不正常，组织成员陷入了全面焦虑，让治疗失眠、焦虑、抑郁的医疗费用大涨，人人都知问题所在，深陷其中却不知如何解脱。

“十亿、百亿、千亿、万亿，企业上市，走出国门，地区上市公司数量，行业百强，世界500强”的数字和故事鼓励企业追求做大做强，于是，企业以增长为目标，不加节制地融资扩张集团化，规模和市场越来越大，然而“大风起兮云飞扬，找不到人才经营四方”，资源格局宏大，内部经营混乱，一朝现金流断裂，企业分崩离析，“辛辛苦苦若干年，一朝不慎回到解放前”。员工苦，管理人员累，企业家更是疲惫不堪。

三

疲惫、焦虑、竞争、冲突、对抗，哲学先知早已定义了“众生皆苦”。如何脱离苦海？佛学主张向内心寻求解决方案，儒家倡导“达则兼济、穷则独善”的用世观，法家提供种种手段帮助达成目标，墨家号召“兼爱非攻”，如此等等，历史上各种组织领袖，纷纷致力于通过文化引领，营造一个能够帮助众生脱离苦海的新世界。

然而，数千年以来，人们所期望的理想社会偶尔会出现，但在更多的区域和更长的周期里，其诞生艰难，存续短暂。“话说天下大势，分久必合，合久必分”，评书《三国演义》的开篇语那精练的总结背后，是一种社会大周期的循环。这种大周期的循环，表现为圣人出现，建立新秩序，出现短暂的和平盛世和百姓的安居乐业；继而，强权、腐败、竞争、掠夺、战争持续深化，愈演愈烈，乃至大屠杀、大毁灭；之后，再次出现圣人，重构社会新秩序，启动新周期。发生、发展、成熟、衰落、毁灭、新生，人类就像米粒，被神秘力量倾倒在那持续上下对转的巨大磨盘上，自由、和平、快乐是短暂的，大周期给历史备足了罄竹难书的血泪题材。

人类真的无法跳出历史性的兴衰周期吗？

是什么力量在主导人类不自觉地陷入众生皆苦的旋涡?

四

拼了性命也要考到前排，千方百计抓取新信息，学历和信息的背后是权力，权力的背后是资源。

喜欢交际，创造机会发展圈子，圈子的背后是权力，权力的背后是资源。

创建企业、创建组织，发展组织的目的在权力，权力的背后是资源；挑起祸端、发动战争，战争的背后是权力，权力的背后是资源……人的根本目标在资源，人类的重大错误在于误以为权力等同于资源。于是，人们为了权力而奋斗，选择了用权力攫取资源的路径。人类惯性的认知里，错误地将资源等同于权力，用权力攫取资源是唯一路径。

于是，人与人的关系交易化，国与国的关系斗争化，竞争成为组织的核心命题，为了赢得权力，人们热衷于费尽心机、趋炎附势、阳奉阴违、行贿受贿、搬弄是非、明枪暗箭，甚至助纣为虐。本质上是为了更多地获得生存资源，而路径上则变成了竭尽所能、无情无义的权力之争。

五

权力助长私欲，滋生骄横，推动腐败，导致社会不公。权力似乎成为万恶之首，但是，没有权力可以吗?

中国实施改革开放，集中力量干大事，量子卫星、C919 大飞机、天马望远镜、“天鲲号”重型自航绞吸船等一件件大国重器横空出世；印度凭借举国之力打造海得拉巴医药城对全球制药企业形成吸引力；奥斯曼帝国因为中央集权推行米利特政策释放了微观生产力；抖音平台因为企业权力驱动实现了平台服务的高质量、高效率；封建帝王因为权力才有资格推行县政自治、乡村自治，提升粮食生产积极性，没有权力是不可以的。没有权力便没有组织力，便形成不了合力，生产力低下，不利于生活资源的创造。生产力上不来，资源不足，如何养活持续膨胀的人口，如何让民众享受更高阶的生命体验？

六

对于人类来说，权力并不是与生俱来的，而是经由生产生活实践的一种工具性的选择。权力是中性的，无善恶之分，对于人类来说，却是有价值、有意义的，如何用好权力这个工具，是管理学的基本态度和终极问题。

澳大利亚土著从古到今，选择了用文化主导的柔性权力，而非近现代文明社会的组织强权，维持顺应人性的社会秩序，组织成员始终保持高度自觉和较强的主观能动性，但生产力相对低下。

某些王朝顺应百姓长期以来养成的迷信认知，选择了用神明柔化权力，通过政教合一的策略，让民众的盲从保持了千年，实现了社会的稳定，生产关系和生产力形成了良性循环，给民众一个长期稳定的生存环境。

众多社会组织热衷于资源与权力的相互促生，以博得权力最大化，以便用权力形成新驱动，全力追逐生产力的提升，渴望通过对新技术的垄断和更多地控制资源而实现永续的利益优先，其结果是人心背离，转瞬皆空。

现代社会更多组织追逐的是权力者的利益，而不是全体成员的利益，其产生的影响和结果是，越倾向于基层，越缺乏主观能动性，越让组织表现出所谓的“大组织病”“大企业病”。

组织权力与成员主观能动性之间出现“悖论”，生产关系与生产力不够协同，人类在组织的问题上，更多时候陷入泥沼、走入困局而不自觉。出现这些问题的本质可以归结为人性，认为是受私心贪心蒙蔽，但是，这样的归因对于解决人类组织问题没有意义。因此，所谓的哲学，多数对组织发展没有实际意义；更多的管理思想和方法论，只是在用权力博取资源这狭隘路径上的修修补补，看上去很花哨，实质上价值有限，甚至会带来新的混乱。

七

在权力与主观能动性之间找到良好平衡，让生产关系和生产力保持相生相长，人类的组织该做出怎样的改变？

私心是天然的，对资源的渴望是必然的。但是，人类获取更多资源、实现个体利益最大化的路径不是只有借助权力这唯一道路。《管子》曰“明一者皇，察道者帝，通德者王，谋得兵胜者霸”。

大致意思是，用权力达成目标的方法，包括霸权主义的竞争策略、用愿景调动群众合力的王道策略、善用规律追求自然之成的帝道策略，虽然梯次升维，逐渐高超，但都算不得最高境界。现代管理学对应提出了指令型领导力、变革型领导力、资源型领导力、服务型领导力乃至参与型领导力。这些领导力的提法，始终是有组织边界的，是以权力为核心驱动力并作为基本保障的，不能实现打破边界、广泛统战、天地一体、万物协同的境界。

《管子》将组织领袖的最高境界定义为“明一者皇”，与万物协同。通过支持万物成功而达成“皇道”目标，字节跳动的抖音项目在创始阶段便接近这种境界。这是典型的湿地型组织策略。湿地型组织对现代管理学所谓的领导力提出了更高阶的境界，那就是发展

“湿地型领导力”。

字节跳动的抖音项目平台，通过平台 a 打造出了对外部播主、创业者、电商 b 的强大吸引力，将字节跳动获取客户、实现经营业绩的任务，自然传递给本不属于组织的外部成员，相当于打破了组织边界，湿地般与外界各种力量共同构成了强大的组织生态。

这些所谓的外部力量，不是因为权力驱动而来，而是自觉地因为平台 a 的、类似湿地对万物般的强大吸引力而来。这些外部力量 b 能够通过平台 a 提供的关键成功要素，得到平台 a 的帮助。

湿地型组织践行“利他自利”、通过帮助他人成功而成就自己、共同建设组织生态的原则，打破了组织边界，给众多善于经营者、有做组织领袖和创业梦想的人以机会，通过帮助他人成功而实现自己的目标。

八

老子曰：反者道之动，弱者道之用。对于资源，我想要，你想要，他也想要，有道者采取的路径是，通过帮助你和他达成想要的，来最终实现我想要的。你、他、我，大家共同收获，而不是基于权力而竞争的“我多你便少，我有你便无”，这是共建人类命运共同体的基本逻辑。

老子曰：“既以为人，己愈有；既以与人，己愈多。”习近平总书记指出：“太平洋足够大，容得下中美两国发展。实现中美不冲突不对抗、相互尊重、合作共赢，是中国外交政策的优先方向。”以帮助他人成功来成就自己，其合作将无限扩大生产空间，实现资源倍增；而选择相互倾轧和掠夺，只能让彼此的空间收缩，资源萎缩。大国之间如此，组织之间如此，组织和组织成员之间也是如此。

九

奋斗，获取权力，掌控资源，攫取更大私利，积累矛盾和宿怨，引发冲突与对抗，接受道德谴责、法律审判或战争毁灭——这规律不应该成为人类历史的宿命。

首先，组织领导者要打开视野，看到、看清、看懂权力和资源、利益的关系。百姓会痛骂旧时代的腐败，讴歌新世界创立者的功绩。其次，作为组织领导者，更主张“道法自然”的自觉，主动向湿地学习，体悟湿地和各物种的关系，用行动来优化世界，改变组织和个体的行为方式。这个世界，如果有足够的社会精英自觉地推行湿地型组织理论和模式，用权力打造湿地型吸引力，帮助经营型人才建立微观权力，帮助落后区域建立专业领域主导权，帮助小国巩固政权，共同构建共赢的湿地型组织生态圈，则人类命运共同体自然而然建立，绿色健康的社会文明得以建立，人类福祉值得期待。

十

湿地型组织，通过利他而自利，通过达人而达己，曾被封建社会乡村治理实践、被奥斯曼帝国的米利特机制实践、被“抗日民族统一战线”实践，现如今也正被诸如抖音项目实践、和君咨询实践。湿地型组织模式有其哲学原理，有其认识论和方法论，有其明确的实践路线和做法，适用于各种类型的组织。

湿地型组织，是人类组织模式的希望！